Pretest of GED Mathematics Skills

Following is a half-length simulated GED mathematics examination. It contains 13 problems in arithmetic, 6 in algebra, and 6 in geometry. After taking it, use the answer key immediately following the test to score yourself. The answer key will help you to identify those areas in mathematics where you most need work.

Before taking this pretest, provide yourself with a quiet place where you will not be interrupted. You should have several sheets of blank paper and three or four sharpened pencils. Since the actual GED examination must be answered in pencil, it is a good idea to accustom yourself to working in pencil rather than pen.

You may wish to have a clock with a second hand nearby. If you were taking this examination under actual test conditions, you would be allowed 45 minutes to complete the 25 questions. For that reason, you may wish to time yourself just to get an idea of how many questions you can complete in 45 minutes. Continue working, however, until you have completed the pretest. Work quickly, carefully, and do not spend a great length of time on any single question. If a certain question gives you difficulty, skip it, making a mark next to it in the margin. You can come back to that question later, if you wish. When taking the actual examination, you would come back to skipped questions, if time permitted. It is good practice, then, to learn when a question has been worked on for too much time.

All of the problems are followed by a choice of five possible answers. Work out the answer for yourself before looking at the choices. Otherwise, you may be tricked by answers that appear to be reasonable, but which are actually incorrect.

Recall that not every question on the actual GED test is in multiple-choice format. However, on this pretest, all of the questions will be in multiple-choice format. That is because we have not yet studied how to answer the Alternate Format questions. There will be a special section on these questions later on in the book, and then they will be incorporated into the posttests in the precise percentage that they appear on the actual test.

Also, of course, you are allowed to use a calculator to help you answer half of the math questions on the actual GED. On this pretest, however, do not use a calculator. One of our goals at this point is to make certain that you

Examen preliminar de habilidades matemáticas del GED

A continuación se incluye la mitad de un examen de matemática de GED simulado. Contiene 13 problemas de aritmética, 6 de álgebra y 6 de geometría. Después de completarlo, utilice la clave de respuestas que sigue a la prueba para obtener una calificación. La clave le ayudará a identificar las áreas de la matemática en las que más necesita trabajar.

Antes de comenzar el examen preliminar, ubíquese en un lugar tranquilo donde nadie pueda interrumpirlo. Deberá contar con varias hojas de papel en blanco y tres o cuatro lápices bien afilados. Puesto que el examen del GED real se debe responder escribiendo con lápiz, es una buena idea acostumbrarse a trabajar de este modo en lugar de usar una pluma.

Es conveniente tener a mano un reloj con segundero. Si rindiera este examen en condiciones reales, dispondría de 45 minutos para responder las 25 preguntas. Por esa razón, es conveniente tomarse el tiempo para tener idea de cuántas preguntas puede responder en esos 45 minutos. No obstante, continúe trabajando hasta terminar el examen preliminar. Trabaje de manera rápida y cuidadosa, sin dedicar demasiado tiempo a ninguna pregunta individual. Si alguna pregunta le resulta difícil, omítala y haga una marca en el margen junto a ella. Podrá volver a ella más tarde, si lo desea. Cuando rinda el examen verdadero, volverá a las preguntas omitidas, si el tiempo se lo permite. Es una buena práctica, entonces, saber cuándo se ha dedicado demasiado tiempo a una pregunta.

Todos los problemas van seguidos de un grupo de cinco respuestas posibles. Elabore la respuesta por su propia cuenta antes de analizar las opciones. De lo contrario, podría verse engañado por respuestas que parecen ser razonables, pero que en realidad son incorrectas.

Recuerde que no todas las preguntas de la prueba real del GED tienen el formato de respuestas con opciones múltiples. Sin embargo, en este examen preliminar, todas las preguntas tienen ese formato. Esto se debe a que aún no hemos estudiado cómo responder las preguntas de formato alternativo. Más adelante en este libro se incluye una sección especial sobre estas preguntas, las que se incorporarán a las pruebas posteriores en la misma proporción que en la prueba real.

Además, en un examen de GED real se permite usar una calculadora como ayuda para responder la mitad de las preguntas de matemática. Aun así, en este examen preliminar usted no debe utilizarla, pues en este momento una de nuestras metas es comprobar si usted sabe cómo hacer a mano todos los cálculos

know how to perform all of the required computations by hand. The posttests will contain calculator sections just like the real test does. For the same reason, you will not see any questions involving graphs, charts, or tables on the pretest. They will, however, appear in the correct proportion on the posttest.

On an actual GED examination, answers will be marked on a separate machine-scored answer sheet. However, on this pretest, circle the number of your answer choice or write your answers on a clean sheet of paper.

FORMULAS

Use the following formulas to answer questions in the following pretest.
AREA of a:

square	Area = side^2
rectangle	Area = length × width
parallelogram	Area = base × height
triangle	Area = $\frac{1}{2}$ × base × height
trapezoid	Area = $\frac{1}{2}$ × (base$_1$ + base$_2$) × height
circle	Area = π × radius^2; π is approximately equal to 3.14

PERIMETER of a:

square	Perimeter = 4 × side
rectangle	Perimeter = 2 × length + 2 × width
triangle	Perimeter = side$_1$ + side$_2$ + side$_3$
CIRCUMFERENCE of a circle	Circumference = π × diameter; π is approximately equal to 3.14

Volume of a:

cube	Volume = edge^3
rectangular solid	Volume = length × width × height
square pyramid	Volume = $\frac{1}{3}$ × (base edge)^2 × height
cylinder	Volume = π × radius^2 × height; π is approximately equal to 3.14
cone	Volume = $\frac{1}{3}$ × π × radius^2 × height; π is approximately equal to 3.14

COORDINATE GEOMETRY	distance between points = $\sqrt{(x_2 - x_1)^2 + (y_2 - y_1)^2}$; (x_1, y_1) and (x_2, y_2) are two points in a plane.
	Slope of a line = $\frac{y_2 - y_1}{x_2 - x_1}$; (x_1, y_1) and (x_2, y_2) are two points on the line.

necesarios. Las pruebas finales contendrán secciones para resolver con calculadora, tal como los exámenes verdaderos. Por la misma razón, en el examen preliminar no habrá ninguna pregunta con gráficos, cuadros o tablas. Estas preguntas sí aparecen en la prueba final, en la proporción correcta.

En un examen de GED real, las respuestas se marcarán en una hoja de respuestas separada, la cual será luego calificada por una máquina. En este examen preliminar, en cambio, usted deberá circundar el número de la respuesta elegida o anotarla en una hoja en blanco.

FÓRMULAS

Para responder las preguntas del examen preliminar, utilice las fórmulas incluidas a continuación.

ÁREAS:

cuadrado	área = lado^2
rectángulo	área = largo $\times$ ancho
paralelogramo	área = base $\times$ altura
triángulo	área = $\dfrac{1}{2} \times$ base $\times$ altura
trapezoide	área = $\dfrac{1}{2} \times$ (base$_1$ + base$_2$) $\times$ altura
círculo	área = $\pi \times$ radio^2, donde π es aproximadamente igual a 3.14

PERÍMETROS:

cuadrado	perímetro = 4 $\times$ lado
rectángulo	perímetro = 2 $\times$ largo + 2 $\times$ ancho
triángulo	perímetro = lado$_1$ + lado$_2$ + lado$_3$
CIRCUNFERENCIA del círculo	circunferencia = $\pi \times$ diámetro, donde π es aproximadamente igual a 3.14

VOLÚMENES:

cubo	volumen = lado^3
sólido rectangular	volumen = largo $\times$ ancho $\times$ altura
pirámide de base cuadrada	volumen = $\dfrac{1}{3} \times$ (lado de la base)$^2 \times$ altura
cilindro	volumen = $\pi \times$ radio$^2 \times$ altura, donde π es aproximadamente igual a 3.14
cono	volumen = $\dfrac{1}{3} \times \pi \times$ radio$^2 \times$ altura, donde π es aproximadamente igual a 3.14

GEOMETRÍA DE COORDENADAS

distancia entre dos puntos = $\sqrt{(x_2 - x_1)^2 + (y_2 - y_1)^2}$, donde (x_1, y_1) y (x_2, y_2) son dos puntos en un plano.

Pendiente de una línea = $\dfrac{y_2 - y_1}{x_2 - x_1}$, donde (x_1, y_1) y (x_2, y_2) son dos puntos en una recta.

PYTHAGOREAN RELATIONSHIP $a^2 + b^2 = c^2$; a and b are legs and c the hypotenuse of a right triangle.

TRIGONOMETRIC RATIOS $\sin = \dfrac{\text{opposite}}{\text{hypotenuse}}$ $\cos = \dfrac{\text{adjacent}}{\text{hypotenuse}}$ $\tan = \dfrac{\text{opposite}}{\text{adjacent}}$

MEASURES OF CENTRAL TENDENCY   **mean** $= \dfrac{x_1 + x_2 +,,, + x_n}{n}$, where the x's are the values for which a mean is desired, and n is the total number of values for x.

median = the middle value of an odd number of ordered scores, and halfway between the two middle values of an even number of *ordered* scores.

SIMPLE INTEREST   interest = principal × rate × time

DISTANCE   distance = rate × time

TOTAL COST   total cost = (number of units) × price per unit

Example:

Q   What is the cost of 6 pounds of tomatoes at 79¢ per pound?

(1) $3.85

(2) $4.34

(3) $4.54

(4) $4.74

(5) $4.94

The cost is $4.74. Answer number 4 is correct.

TEOREMA DE PITÁGORAS	$a^2 + b^2 = c^2$, donde a y b son los catetos y c la hipotenusa de un triángulo rectángulo.

FUNCIONES TRIGONOMÉTRICAS $\qquad$ $\text{sen} = \dfrac{\text{cateto opuesto}}{\text{hipotenusa}}$ $\qquad$ $\cos = \dfrac{\text{cateto adyacente}}{\text{hipotenusa}}$ $\qquad$ $\tan = \dfrac{\text{cateto opuesto}}{\text{cateto adyacente}}$

MEDIDAS DE LA TENDENCIA CENTRAL $\qquad$ **media** $= \dfrac{x_1 + x_2 +,,, + x_n}{n}$, donde las x son los valores para los que se desea calcular la media y n es el total de valores de x.

mediana = el valor central de un total impar de términos *ordenados*; asimismo, el punto equidistante entre los dos valores centrales de un total par de términos *ordenados*.

INTERÉS SIMPLE $\qquad$ interés = capital $\times$ razón $\times$ tiempo

DISTANCIA $\qquad$ distancia = velocidad $\times$ tiempo

COSTO TOTAL $\qquad$ costo total = (número de unidades) $\times$ precio unitario

Ejemplo:

Q $\quad$ ¿Cuál es el costo de 6 libras de tomates a 79¢ la libra?

(1) $3.85

(2) $4.34

(3) $4.54

(4) $4.74

(5) $4.94

El costo es $4.74. La respuesta 4 es la correcta.

PRETEST

Directions: Choose the best answer for each problem.

1) A plane ticket from New York to Chicago costs $89.24. A ticket from Chicago to Austin costs $134.39. What is the cost of flying from New York to Austin by way of Chicago?

    (1) $223.63

    (2) $45.15

    (3) $134.39

    (4) $224.00

    (5) $316.00

2) A leather briefcase costs $145.37. A second one costs $128.58. What is the difference in their prices?

    (1) $237.95

    (2) $273.95

    (3) $16.79

    (4) $61.79

    (5) $26.79

3) 865 people paid $4.75 each for tickets to a basketball game. 479 people bought $6.25 tickets. How much money was paid for tickets in all?

    (1) $7681.50

    (2) $6718.50

    (3) $7102.50

    (4) $4108.75

    (5) $1115.00

4) 5745 meters of electrical cable are to be used for the electrical wiring of 15 new houses. Each house will use the same amount of cable. How much cable will each house use?

    (1)   5760 meters

    (2)   86,175 meters

    (3)   5730 meters

    (4)   383 meters

    (5)   403 meters

5) Helen Hardy usually pays $3.95 for a bottle of 250 lecithin capsules at the natural foods store. This week the store ran a sale on lecithin capsules, charging only $5.95 for a bottle of 500. Helen takes one capsule daily. How much money would Helen save in the course of a year if she purchases the sale bottle?

    (1) $5.77

    (2) $4.34

    (3) $1.19

    (4) $1.43

    (5) $1.58

EXAMEN PRELIMINAR

Instrucciones: Elija la mejor respuesta para cada problema.

1) El pasaje aéreo de Nueva York a Chicago cuesta $89.24. El pasaje de Chicago a Austin cuesta $134.39. ¿Cuánto cuesta volar de Nueva York a Austin vía Chicago?

   (1) $223.63

   (2) $45.15

   (3) $134.39

   (4) $224.00

   (5) $316.00

2) Un portafolio de cuero cuesta $145.37. Un segundo portafolio cuesta $128.58 ¿Cuál es la diferencia de precio?

   (1) $237.95

   (2) $273.95

   (3) $16.79

   (4) $61.79

   (5) $26.79

3) 865 personas pagaron $4.75 cada una por los boletos para un juego de básquetbol. Otras 479 personas compraron boletos de $6.25. ¿Cuánto dinero se pagó en total por todos los boletos?

   (1) $7681.50

   (2) $6718.50

   (3) $7102.50

   (4) $4108.75

   (5) $1115.00

4) Se usarán 5745 metros de cable eléctrico para el cableado de 15 casas nuevas. Se usará para cada casa la misma cantidad de cable. ¿Cuántos metros de cable requiere cada casa?

   (1)   5760 metros

   (2)   86,175 metros

   (3)   5730 metros

   (4)   383 metros

   (5)   403 metros

5) Elena Díaz paga habitualmente $3.95 por un frasco de 250 cápsulas de lecitina en la tienda naturista. Esta semana la tienda tiene en oferta las cápsulas de lecitina y cobra sólo $5.95 por cada frasco de 500. Elena toma una cápsula por día. ¿Cuánto dinero ahorraría en un año si comprase el frasco en oferta?

   (1) $5.77

   (2) $4.34

   (3) $1.19

   (4) $1.43

   (5) $1.58

6) Heloise Aylor usually blinks her eyes every 12 seconds, but when a man in uniform enters the room, she bats her eyelashes at the incredible speed of 72 blinks per minute. What is the percent of increase in Heloise's blinking rate?

    (1)   13.40%

    (2)   72%

    (3)   720%

    (4)   144%

    (5)   1340%

7) Rosemarie decided to do some spring cleaning. She figured it would take her 2 hours 15 minutes to scrub the floors, 25 minutes to dust and polish, 45 minutes to vacuum, 1 hour 45 minutes to clean the windows, and 1 hour 30 minutes to wash, press, and re-hang her curtains. How much time will her spring cleaning chores require?

    (1)   4 hours, 40 minutes

    (2)   5 hours, 45 minutes

    (3)   6 hours, 20 minutes

    (4)   6 hours, 40 minutes

    (5)   7 hours, 10 minutes

8) Mrs. Winfield bought 8 dozen apples for her children's snacks. Mrs. Winfield has 4 children and each receives an apple a day. How many days will her supply of apples last?

    (1)   16

    (2)   24

    (3)   32

    (4)   68

    (5)   96

9) An auctioneer is given an 8% commission on sales plus $60 a week. Last week, the auctioneer sold $794.25 worth of items. How much money did he make that week?

    (1) $63.54

    (2) $72.90

    (3) $163.54

    (4) $172.90

    (5) $123.54

10) 20% of the students in Mr. Mendoza's English class failed his final exam. Two-thirds of those who failed were girls. If a total of 120 students took the exam, how many girls failed?

    (1)   16

    (2)   20

    (3)   24

    (4)   28

    (5)   32

6) Eloísa Gómez normalmente pestañea cada 12 segundos, pero cuando entra a la sala un hombre de uniforme, bate sus pestañas a la increíble velocidad de 72 parpadeos por minuto. ¿Cuál es el porcentaje de aumento de la velocidad con que Eloísa parpadea?

   (1)   13.40%

   (2)   72%

   (3)   720%

   (4)   144%

   (5)   1340%

7) María Rosa decidió hacer la limpieza de primavera. Calculó que necesitaría 2 horas 15 minutos para fregar los pisos, 25 minutos para barrer y lustrar, 45 minutos para pasar la aspiradora, 1 hora 45 minutos para limpiar las ventanas y 1 hora 30 minutos para lavar, planchar y volver a colgar sus cortinas. ¿Cuánto tiempo requerirán en total sus quehaceres de limpieza de primavera?

   (1)   4 horas, 40 minutos

   (2)   5 horas, 45 minutos

   (3)   6 horas, 20 minutos

   (4)   6 horas, 40 minutos

   (5)   7 horas, 10 minutos

8) La Sra. Rodríguez compró 8 docenas de manzanas para los bocadillos de sus hijos. Tiene 4 hijos y cada uno recibe una manzana por día. ¿Para cuántos días le alcanzará su provisión de manzanas?

   (1)   16

   (2)   24

   (3)   32

   (4)   68

   (5)   96

9) Un rematador recibe una comisión del 8% sobre las ventas, más $60 por semana. La semana pasada, el rematador vendió artículos por valor de $794.25. ¿Cuánto dinero ganó esa semana?

   (1) $63.54

   (2) $72.90

   (3) $163.54

   (4) $172.90

   (5) $123.54

10) El 20% de los estudiantes de la clase de inglés del Sr. Mendoza fueron desaprobados en el examen final. Dos tercios de los desaprobados eran niñas. Si rindieron el examen un total de 120 estudiantes, ¿cuántas niñas fueron desaprobadas?

   (1)   16

   (2)   20

   (3)   24

   (4)   28

   (5)   32

11)   If it takes a truck driving over a bridge $\frac{1}{20}$ of an hour to cross the bridge and the truck is traveling at a speed of 12 mph, how long is the bridge?

   (1) $\frac{1}{3}$ miles

   (2) $\frac{1}{2}$ miles

   (3) $\frac{3}{5}$ miles

   (4) $\frac{3}{4}$ miles

   (5) $\frac{2}{3}$ miles

12)   50 micrograms of a particular multiple vitamin contain 833% of the U.S. Recommended Daily Allowance. How many micrograms would satisfy the requirement for 100%?

   (1)   5
   (2)   6
   (3)   7
   (4)   8
   (5)   9

13)   What number is .459 less than 3.30?

   (1)   2.841
   (2)   2.859
   (3)   3.759
   (4)   2.849
   (5)   2.749

14)   On a 345 mile trip to Hoboken, N.J., the Winkleman family averaged 48.6 mph. Approximately how long did it take them to reach their destination?

   (1) $5\frac{1}{2}$ hours

   (2)   6 hours

   (3) $6\frac{1}{2}$ hours

   (4)   7 hours

   (5) $7\frac{1}{2}$ hours

15)   Mrs. Manzini's hair is beginning to turn white. She claims she gets a new white hair every time her son Salvatore goes out at night with his friends. Of the 160,000 hairs on her head, 20% have already turned white. If Sal averages 2 nights out a week and assuming Mrs. Manzini's theory is correct, about how long will it be before Mrs. Manzini's head is 50% white?

   (1)   5 years
   (2)   45 years
   (3)   105 years
   (4)   405 years
   (5)   465 years

11) Si un camión demora $\frac{1}{20}$ de hora para cruzar un puente a una velocidad de 12 mph, ¿cuál es la longitud del puente?

    (1) $\frac{1}{3}$ millas

    (2) $\frac{1}{2}$ millas

    (3) $\frac{3}{5}$ millas

    (4) $\frac{3}{4}$ millas

    (5) $\frac{2}{3}$ millas

12) 50 microgramos de una multivitamina contienen 833% de la cantidad diaria recomendada. ¿Con cuántos microgramos se satisface el requisito de 100%?

    (1)   5

    (2)   6

    (3)   7

    (4)   8

    (5)   9

13) ¿Qué número es .459 menos que 3.30?

    (1)   2.841

    (2)   2.859

    (3)   3.759

    (4)   2.849

    (5)   2.749

14) En un viaje de 345 millas a Hoboken, Nueva Jersey, la familia Gutiérrez hizo un promedio de 48.6 mph. ¿Cuánto tiempo demoraron aproximadamente en llegar a destino?

    (1) $5\frac{1}{2}$ horas

    (2)   6 horas

    (3) $6\frac{1}{2}$ horas

    (4)   7 horas

    (5) $7\frac{1}{2}$ horas

15) El cabello de la Sra. Manzini está comenzando a encanecer. Dice que le aparece una nueva cana cada vez que su hijo Salvatore sale de noche con sus amigos. De los 160,000 cabellos de su cabeza, el 20% ya son canas. Si Salvatore sale en promedio 2 noches por semana y suponiendo que la teoría de su madre fuese cierta, ¿en cuánto tiempo tendrá la Sra. Manzini un 50% de canas?

    (1)   5 años

    (2)   45 años

    (3)   105 años

    (4)   405 años

    (5)   465 años

16) A butcher has a smoked ham weighing $17\frac{3}{4}$ pounds. If he cuts it into 3 equal pieces, how much will each of the smaller hams weigh?

    (1) $5\frac{1}{4}$ pounds

    (2) $5\frac{5}{12}$ pounds

    (3) $5\frac{7}{12}$ pounds

    (4) $5\frac{11}{12}$ pounds

    (5) $5\frac{15}{16}$ pounds

17) If $x^2 - 5x + 4 = 0$, then $x =$

    (1)   1 and 5

    (2)   -1 and -5

    (3)   -1 and -4

    (4)   1 and 4

    (5)   4 only

18) Two sides of a rectangular park are 50 meters and 120 meters long. A path runs diagonally from one corner of the park to the opposite corner. The length of the path must be

    (1)   100 meters

    (2)   110 meters

    (3)   120 meters

    (4)   130 meters

    (5)   140 meters

19) A wheel with a diameter of 3 feet rolls along the ground. How far does it travel in 7 revolutions? (Use $\frac{22}{7}$ for *pi* (π).)

    (1)   33 feet

    (2)   44 feet

    (3)   55 feet

    (4)   66 feet

    (5)   77 feet

20) A square has an area of 36 cm². What is the area of the largest circle that could be drawn inside that square?

    (1) 9π cm²

    (2) 6π cm²

    (3) 3π cm²

    (4) 8π cm²

    (5) 5π cm²

16) Un carnicero tiene un jamón ahumado que pesa $17\frac{3}{4}$ libras. Si lo corta en 3 trozos iguales, ¿cuánto pesará cada uno?

    (1) $5\frac{1}{4}$ libras

    (2) $5\frac{5}{12}$ libras

    (3) $5\frac{7}{12}$ libras

    (4) $5\frac{11}{12}$ libras

    (5) $5\frac{15}{16}$ libras

17) Si $x^2 - 5x + 4 = 0$, entonces $x = \ldots$

    (1)   1 y 5

    (2)   -1 y -5

    (3)   -1 y -4

    (4)   1 y 4

    (5)   4 solamente

18) Dos lados de un parque rectangular miden 50 y 120 metros de largo. Un sendero corre diagonalmente de una esquina del parque a la opuesta. La longitud de este sendero es …

    (1)   100 metros

    (2)   110 metros

    (3)   120 metros

    (4)   130 metros

    (5)   140 metros

19) Una rueda de 3 pies de diámetro rueda por el suelo. ¿Cuánto recorre en 7 vueltas?
(Considere que pi (π) $= \frac{22}{7}$).

    (1)   33 pies

    (2)   44 pies

    (3)   55 pies

    (4)   66 pies

    (5)   77 pies

20) Un cuadrado tiene un área de 36 cm². ¿Cuál es el área del círculo más grande que se puede dibujar dentro de ese cuadrado?

    (1) 9π cm²

    (2) 6π cm²

    (3) 3π cm²

    (4) 8π cm²

    (5) 5π cm²

21)   Two points on a graph are at coordinates (-2,5) and (4,6). What is the distance between the two points?

(1)   3

(2) $\sqrt{7}$

(3) $\sqrt{37}$

(4) $\sqrt{3}$

(5)   17

22)   Two trains leave the same station at the same time and travel in opposite directions, one averaging 45 mph and the other averaging 60 mph. In how long will the trains be 630 miles apart?

(1)   5 hours

(2)   6 hours

(3)   7.25 hours

(4)   7.50 hours

(5)   7.75 hours

23)   Karen bought a dinette set that listed for $575. She paid only $310 for it. What percent of the list price did Karen save?

(1)   23%

(2)   46%

(3)   35%

(4)   52%

(5)   44%

24)   Ms. McIntosh invested $18,000 in two different types of investments. Some of the money was invested in certificates of deposit that pay 10% interest, while the rest was invested in 20% corporate bonds. Her income for the year from both investments was $2400. How much of Ms. McIntosh's money was invested in the bonds?

(1) $12,000

(2) $10,000

(3) $8000

(4) $6000

(5) $4000

25)   The local movie theatre charges $3 per adult and $1.90 per child for admission. On a certain day, 405 tickets were sold and $934.50 was collected. How many children's tickets were sold on that day?

(1)   150

(2)   255

(3)   225

(4)   200

(5)   193

21) Dos puntos de un gráfico tienen por coordenadas (-2, 5) y (4, 6). ¿Cuál es la distancia entre ellos?

   (1)   3

   (2) $\sqrt{7}$

   (3) $\sqrt{37}$

   (4) $\sqrt{3}$

   (5)   17

22) Dos trenes salen de la misma estación al mismo tiempo y viajan en direcciones opuestas, uno a un promedio de 45 mph y el otro a 60 mph. ¿En cuánto tiempo estarán los trenes a 630 millas uno del otro?

   (1)   5 horas

   (2)   6 horas

   (3)   7.25 horas

   (4)   7.50 horas

   (5)   7.75 horas

23) Karina compró un juego de cocina cuyo precio de lista es $575. Pagó sólo $310. ¿Qué porcentaje del precio de lista ahorró Karina?

   (1)   23%

   (2)   46%

   (3)   35%

   (4)   52%

   (5)   44%

24) La Sra. Menéndez invirtió $18,000 en dos tipos diferentes de inversiones. Parte del dinero lo invirtió en certificados de depósito que pagan 10% de interés, mientras que el resto lo invirtió en bonos corporativos del 20%. Al año de hacer ambas inversiones, su ganancia fue de $2400. ¿Cuánto dinero invirtió la Sra. Menéndez en los bonos?

   (1) $12,000

   (2) $10,000

   (3) $8000

   (4) $6000

   (5) $4000

25) El cine local cobra una entrada de $3 a los adultos y $1.90 a los niños. Cierto día se vendieron 405 boletos y se recaudaron $934.50. ¿Cuántos boletos de menores se vendieron ese día?

   (1)   150

   (2)   255

   (3)   225

   (4)   200

   (5)   193

Answers

1. **(1)** Add the costs of the two tickets and get $223.63.

2. **(3)** Difference means subtraction. $145.37 - 128.58 = $16.79.

3. **(3)** First multiply $865 \times $4.75 to get the total amount taken in from $4.75 tickets. That comes to $4108.75. Next multiply $6.25 by 479 to get the total receipts at that price, $2993.75. Then add the two totals: $7102.50.

4. **(4)** Divide 5745 into 15 equal parts. Each part is 383 meters.

5. **(4)** At $3.95 for a bottle of 250, each capsule costs $\frac{395}{250}$ pennies, or 1.58¢. A year's supply will cost 365 (days/year) times that, or $5.77 (rounded to the nearest penny). The sale bottle costs $\frac{595}{500}$ pennies, or 1.19¢ per capsule. That makes a year's supply cost 365×1.19, or $4.34. Subtracting 4.34 from 5.77, we find that Helen would have saved $1.43.

6. **(5)** A blink every 12 seconds is 5 blinks per minute (60 seconds/12 seconds). The amount of increase is 72 - 5 = 67. To find the percent increase, set up a proportion:

$$\frac{67}{5} = \frac{x}{100}$$
$$6700 = 5x$$
$$x = 1340\%$$

7. **(4)** First add all the minutes together and get 160 minutes. That translates to 2 hours and 40 minutes (since 60 minutes make an hour). Next add all the hours together and get 4. To those 4 hours add 2 hours and 40 minutes for a grand total of 6 hours 40 minutes.

8. **(2)** 8 dozen is a total of $8 \times 12 = 96$ apples. Since 4 apples are eaten per day, the supply will last $\frac{96}{4}$, or 24 days.

9. **(5)** 8% of $794.25 is found by multiplying that figure by .08. The result is $63.54, to which $60 must be added to get a total of $123.54.

10. **(1)** 20% of 120 is 24 ($.20 \times 120 = 24$). $\frac{2}{3} \times 24 = 16$.

11. **(3)** If a truck is traveling at 12 mph, it is traveling 1 mile every 5 minutes (60 minutes divided by 12 = 5). $\frac{1}{20}$ of an hour is $\frac{60}{20} = 3$ minutes. If the truck travels 1 mile in 5 minutes, it travels $\frac{3}{5}$ that distance in 3 minutes. Hence, the bridge is $\frac{3}{5}$ of a mile long.

Alternate solution: $D = rt$

$$D = 12 \cdot \frac{1}{20}$$
$$D = \frac{12}{20} = \frac{3}{5} \text{ mile.}$$

Respuestas

1. **(1)** Sume los costos de los pasajes y obtendrá $223.63.

2. **(3)** "Diferencia" significa resta. $145.37 - 128.58 = $16.79.

3. **(3)** Multiplique primero $865 \times \$4.75$ para obtener el total gastado en boletos de $4.75. Esto da $4108.75. Luego, multiplique $6.25 por 479 para obtener el total para los boletos más caros: $2993.75. Finalmente, sume los dos totales. El resultado es $7102.50.

4. **(4)** Divida 5745 por 15 partes iguales. Cada parte es de 383 metros.

5. **(4)** A $3.95 por frasco de 250 cápsulas, cada cápsula cuesta $\dfrac{395}{250}$ centavos, es decir, 1.58¢. El suministro para un año costará 365 veces ese valor (hay 365 días en un año), o sea $5.77, si redondeamos al centavo más próximo. El frasco en oferta cuesta $\dfrac{595}{500}$ centavos, es decir, 1.19¢ por cápsula. Esto hace que la provisión para un año cueste 365×1.19, o $4.34. Restando 4.34 de 5.77, averiguamos que Elena podría ahorrar $1.43.

6. **(5)** Un parpadeo cada 12 segundos equivale a 5 parpadeos por minuto (60 segundos/12 segundos). El aumento es 72 - 5 = 67. Para hallar el aumento porcentual, definimos una proporción:

   $$\frac{67}{5} = \frac{x}{100}$$
   $$6700 = 5x$$
   $$x = 1340\%$$

7. **(4)** Sume primero todos los minutos y obtendrá 160 minutos. Puesto que hay 60 minutos en una hora, eso equivale a 2 horas 40 minutos. Luego, sume todas las horas y obtendrá 4. A estas 4 horas agréguele 2 horas y 40 minutos para obtener el total general de 6 horas 40 minutos.

8. **(2)** 8 docenas es un total de $8 \times 12 = 96$ manzanas. Puesto que se comen 4 manzanas por día, la provisión durará $\dfrac{96}{4}$, o sea 24 días.

9. **(5)** El 8% de $794.25 se calcula multiplicando esa cifra por .08. El resultado es $63.54, a los que deben sumarse $60 para obtener un total de $123.54.

10. **(1)** 20% de 120 es 24 ($.20 \times 120 = 24$). $\dfrac{2}{3} \times 24 = 16$.

11. **(3)** Si el camión viaja a 12 mph, recorre 1 milla cada 5 minutos (60 minutos dividido por 12 = 5). $\dfrac{1}{20}$ de una hora equivale a $\dfrac{60}{20} = 3$ minutos. Si el camión avanza 1 milla en 5 minutos, recorre $\dfrac{3}{5}$ de esa distancia en 3 minutos. Por lo tanto, la longitud del puente es $\dfrac{3}{5}$ de milla.

   Solución alternativa: $D = vt$

   $$D = 12 \cdot \frac{1}{20}$$
   $$D = \frac{12}{20} = \frac{3}{5} \text{ milla}$$

12.   **(2)** Write a proportion:

$$\frac{50}{833} = \frac{x}{100}$$
$$833x = 5000$$
$$x = 6 \text{ micrograms}$$

13.   **(1)** $\begin{array}{r} 3.30 \\ -\ .459 \end{array} = \begin{array}{r} 3.300 \\ -\ .459 \\ \hline 2.841 \end{array}$

14.   **(4)** $D = rt$

$$345 = 48.6t$$
$$t = \frac{345}{48.6} = 7.098 = 7.1 \text{ hours}$$

That's about 7 hours.

15.   **(5)** 10% of 160,000 is 16,000. She needs 3 x 16,000 white hairs to make up the difference between the 20% white on her head, and the 50% that it will be. That's 48,000 white hairs to go. If Sal goes out twice a week, it will take half as many weeks as hairs needed, or 24,000 weeks. Since that's more than 450 years, Mrs. Manzini shouldn't worry.

16.   **(4)** $17\frac{3}{4}$ divided by $3 = \frac{71}{4} \times \frac{1}{3} = \frac{71}{12} = 5\frac{11}{12}$ pounds.

17.   **(4)** $x^2 - 5x + 4 = 0$

$$(x - 4)(x - 1) = 0$$
$$x - 4 = 0 \qquad x - 1 = 0$$
$$x = 4 \qquad\quad x = 1$$

18.   **(4)** The diagonal path cuts the park into two right triangles, each of which has sides of 50 and 120. The path, then, is the hypotenuse of either of those right triangles, and its length may be found from the Pythagorean theorem:

$$c^2 = a^2 + b^2$$
$$c^2 = 50^2 + 120^2$$
$$c^2 = 2500 + 14,400 = 16,900$$
$$c = 130 \text{ meters}$$

19.   **(4)** Each revolution of the wheel covers a distance of one circumference of the wheel, or d. In 7 turns it will go 7 d, or $7\left(\frac{22}{7}\right)(3) = 66$ feet.

20.   **(1)** If a square has an area of 36 cm², its side must be 6 cm, since s^2 = area for a square. 6, then, is also the diameter of the circle that fits inside it. Half of 6, or 3, is the radius of that circle. Since the area of a circle is πr^2, the area of this circle is $3^2\pi = 9\pi$ cm².

12. **(2)** Defina una proporción:

$$\frac{50}{833} = \frac{x}{100}$$
$$833x = 5000$$
$$x = 6 \text{ microgramos}$$

13. **(1)**

$$\begin{array}{r} 3.30 \\ -\ .459 \\ \hline \end{array} = \begin{array}{r} 3.300 \\ -\ .459 \\ \hline 2.841 \end{array}$$

14. **(4)**

$$D = vt$$
$$345 = 48.6t$$
$$t = \frac{345}{48.6} = 7.098 = 7.1 \text{ horas}$$

Es decir, alrededor de 7 horas.

15. **(5)** El 10% de 160,000 es 16,000. La Sra. Manzini necesita 3 x 16,000 canas para lograr la diferencia entre el 20% que tiene ahora y el 50% que tendrá. Es decir, le faltan 48,000 canas. Si Salvatore sale dos veces por semana, le llevará la mitad de semanas que los cabellos que necesita, es decir 24,000 semanas. Puesto que esto equivale a más de 450 años, la Sra. Manzini no debería preocuparse.

16. **(4)** $17\frac{3}{4}$ dividido por $3 = \frac{71}{4} \times \frac{1}{3} = \frac{71}{12} = 5\frac{11}{12}$ libras

17. **(4)**

$$x^2 - 5x + 4 = 0$$
$$(x - 4)(x - 1) = 0$$
$$x - 4 = 0 \qquad x - 1 = 0$$
$$x = 4 \qquad x = 1$$

18. **(4)** El sendero diagonal corta al parque en dos triángulos rectángulos, cada uno de los cuales tiene lados de 50 y 120. El sendero es, entonces, la hipotenusa de ambos triángulos y su largo se puede calcular con el teorema de Pitágoras:

$$c^2 = a^2 + b^2$$
$$c^2 = 50^2 + 120^2$$
$$c^2 = 2500 + 14,400 = 16,900$$
$$c = 130 \text{ metros}$$

19. **(4)** En cada vuelta, la rueda recorre una distancia igual a su circunferencia d. En 7 vueltas, recorrerá 7 d o sea $7\left(\frac{22}{7}\right)(3) = 66$ pies.

20. **(1)** Si el cuadrado tiene un área de 36 cm², su lado s debe medir 6 cm, puesto que s^2 = área del cuadrado. Entonces, 6 es también el diámetro del círculo que cabe en su interior. El radio de ese círculo es la mitad de 6, o sea 3. Puesto que el área del círculo es πr^2, el área de este círculo es $3^2\pi = 9\pi$ cm².

21.   **(3)** The horizontal distance between the two points is -2 - 4, or -6, which is equivalent as a distance to 6. The vertical distance is 6 - 5, or 1. (The distance vertically is determined by the difference of the *y*-coordinates while the difference of the *x*-coordinates gives the horizontal distance.) It is then left to find the hypotenuse of the right triangle with legs 1 and 6:

$$c^2 = a^2 + b^2$$
$$c^2 = 6^2 + 1^2$$
$$c^2 = 3\ 6 + 1$$
$$c^2 = 37$$
$$c = \sqrt{37}$$

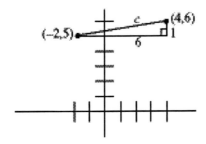

22.   **(2)** Assume that one train is standing still while the other is moving away at their combined speed of 105 mph.

Then, since $D = rt,$
$$630 = 105t$$
$$t = 6 \text{ hours}$$

23.   **(2)** She saved \$575 - \$310 = \$265.

As a percent, $\dfrac{265}{575} = \dfrac{x}{100}$
$$575x = 26500$$
$$x = 46\% \text{ (about)}$$

24.   **(4)** Let $x =$ the amount invested in bonds. Then 18,000 - x is invested in certificates. The equation for determining her income is:

$$.20 + .10(18,000 - x) = 2400$$
$$.20x + 1800 - .10x = 2400$$
$$.10x = 600$$
$$x = \$6000$$

21.   (**3**) La distancia horizontal entre los dos puntos es -2 - 4, o sea -6, que equivale a una distancia de 6. La
       distancia vertical es 6 - 5 o sea 1. (La distancia vertical es determinada por la diferencia de las
       coordenadas *y*, mientras que la distancia horizontal es la diferencia de las coordenadas *x*). Sólo falta
       calcular la hipotenusa del triángulo rectángulo cuyos catetos miden 1 y 6:

$$c^2 = a^2 + b^2$$
$$c^2 = 6^2 + 1^2$$
$$c^2 = 3\ 6 + 1$$
$$c^2 = 37$$
$$c = \sqrt{37}$$

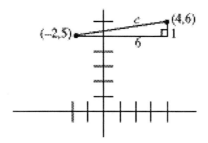

22.   (**2**) Supongamos que uno de los trenes queda detenido mientras el otro se aleja a la velocidad
       combinada de 105 mph.

Por lo tanto: $D = vt,$
$$630 = 105t$$
$$t = 6 \text{ horas}$$

23.   (**2**) Ahorró $575 - $310 = $265.

Para calcular el porcentaje: $$\frac{265}{575} = \frac{x}{100}$$
$$575x = 26500$$
$$x = 46\% \text{ (valor aproximado)}$$

24.   (**4**) Si *x* es el dinero invertido en bonos, 18,000 - *x* es lo que se invierte en certificados. La ecuación
       para determinar la ganancia es:

$$.20x + .10(18,000x) = 2400$$
$$.20x + 1800 - .10x = 2400$$
$$.10x = 600$$
$$x = \$6000$$

25. **(2)**

	Quantity	Unit Price	Total Value
Adult	x	300	$300x$
Child	$405-x$	190	$190(405-x)$

$$300x + 190(405 - x) = 93,450$$
$$300x + 76,950 - 190x = 93,450$$
$$110x = 16,500$$
$$x = 150$$
$$405 - x = 255 \text{ children's tickets}$$

25. **(2)**

	Cantidad	Precio unitario	Valor total
Adulto	x	300	$300x$
Niño	405-x	190	190(405-x)

$$300x + 190(405 - x) = 93,450$$
$$300x + 76,950 - 190x = 93,450$$
$$110x = 16,500$$
$$x = 150$$
$$405 - x = 255 \text{ boletos de niños}$$

CHAPTER 9

Sample GED Mathematics Test I

BOOKLET ONE: MATHEMATICAL UNDERSTANDING AND APPLICATION

25 Questions – 45 Minutes – Calculator Permitted

1. Danny bought 3 sodas for 95 cents each, and a newspaper for 65 cents. How much change would he receive from a ten dollar bill?

    (1) $3.50

    (2) $4.80

    (3) $5.20

    (4) $6.50

    (5) $8.40

2. A sporting goods store normally discounts all merchandise 16%. At a special sale, it is taking an additional $\frac{1}{5}$ off its discount price. During the special sale, how much would you expect to pay for a baseball glove with a list price of $56?

    (1) $47.04

    (2) $44.80

    (3) $37.63

    (4) $50.20

    (5) $35.84

3. 2.54 centimeters = 1 inch

    From the fact stated above, 1 centimeter is about equal to

    (1)   .4 inches

    (2)   1.54 inches

    (3)   2.54 inches

    (4)   .6 inches

    (5)   .7 inches

CAPÍTULO 9

HOJA DE RESPUESTAS: PRUEBA DE MATEMÁTICAS I DEL GED, CUADERNILLO 1

CUADERNILLO UNO: COMPRENSIÓN Y APLICACIÓN DE LA MATEMÁTICA

25 preguntas – 45 minutos – Se permite el uso de la calculadora

1. Daniel compró tres refrescos a razón de 95 centavos cada uno y el periódico por 65 centavos. ¿Cuánto recibió de vuelto si pagó con un billete de diez dólares?

   (1) $3.50
   (2) $4.80
   (3) $5.20
   (4) $6.50
   (5) $8.40

2. Normalmente, un negocio de artículos deportivos hace el 16% de descuento sobre todos sus productos. Debido a una oferta especial, agrega un descuento adicional de $\frac{1}{5}$ sobre el precio. Si aprovecha esta ocasión, ¿cuánto pagaría por un guante de béisbol que tiene un precio de lista de $56?

   (1) $47.04
   (2) $44.80
   (3) $37.63
   (4) $50.20
   (5) $35.84

3. 2.54 centímetros = 1 pulgada.
   A partir de este dato, un centímetro es igual a…

   (1) .4 pulgadas
   (2) 1.54 pulgadas
   (3) 2.54 pulgadas
   (4) .6 pulgadas
   (5) .7 pulgadas

4. Nancy wishes to make a macramé wall hanging for her living room. The directions call for 12 pieces of jute 12.5 meters long, 18 pieces 8.25 meters long, and 24 pieces 7 meters long. How much jute will she need for her wall hanging?

    Mark your answer in the circles in the grid on your answer sheet.

5. Peter is reading the book *Ivanhoe* that is 436 pages long. He has read 60 pages and it has taken him $1\frac{1}{2}$ hours. If he continues to read at the same pace, how much longer will it take him to finish the book?

    (1) 9.4 hours

    (2) 9.9 hours

    (3) 10.9 hours

    (4) 11.4 hours

    (5) 11.9 hours

6. A cassette box has dimensions as shown below.

    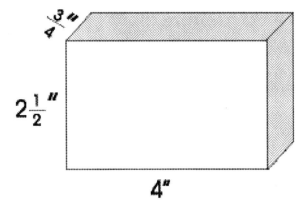

    Rusty wants to ship his collection of cassettes to his brother in California. What is the maximum number of cassettes Rusty can put into a carton with a capacity of 180 cubic inches?

    (1) 12

    (2) 18

    (3) 24

    (4) 30

    (5) 36

7. Mrs. Gabaway wants to telephone her friend in Boston. The day rate is \$.48 for the first minute and \$.34 for each additional minute. The evening rate discounts the day rate by 35%. If Mrs. Gabaway is planning a 45-minute chat, to the nearest penny, how much would she save if she took advantage of the evening rate by calling after 5 PM?

    Mark your answer in the circles in the grid on your answer sheet.

4. Nancy quiere hacer un tapiz de macramé para colgar en una pared de la sala. Según las instrucciones, se requieren 12 piezas de yute de 12.5 metros de longitud, 18 piezas de yute de 8.25 metros de longitud y 24 piezas de 7 metros de longitud ¿Qué cantidad total de yute necesita para su tapiz?

Marque su respuesta en los círculos de la grilla de su hoja de respuestas.

5. Pedro está leyendo el libro *Ivanhoe*, que tiene 436 páginas. Leer 60 páginas le ha tomado $1\frac{1}{2}$ horas. Si continúa leyendo al mismo ritmo, ¿cuánto tiempo le tomará terminar el libro?

   (1)   9.4 horas

   (2)   9.9 horas

   (3)   10.9 horas

   (4)   11.4 horas

   (5)   11.9 horas

6. Un casete de música tiene las dimensiones que se muestran a continuación:

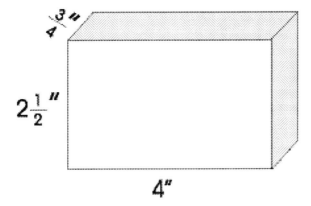

Raúl quiere enviar por correo a su hermano que vive en California su colección de casetes. ¿Cuál es el máximo número de casetes que Raúl puede poner en una caja de 180 pulgadas cúbicas de capacidad?

   (1)   12

   (2)   18

   (3)   24

   (4)   30

   (5)   36

7. La señora Giménez quiere llamar por teléfono a su amiga de Boston. La tarifa diurna es $.48 para el primer minuto y $.34 por cada minuto adicional. La tasa de descuento para llamadas nocturnas es del 35% sobre la tarifa diurna. Si la señora Giménez planea mantener una conversación de 45 minutos, redondeando al centavo más próximo, ¿cuánto ahorraría si aprovecha la tarifa nocturna haciendo su llamada después de las 5 PM?

Marque su respuesta en los círculos de la grilla de su hoja de respuestas.

8. Janet withdrew amounts of $2,356 and $1,131 from her savings account. After the withdrawals, she was left with a balance of $11,516. What was her balance before the withdrawals?

    (1) $8,029

    (2) $15,003

    (3) $6,974

    (4) $10,461

    (5) $18,490

9. Look at the chart below.

Time	7:00	8:00	9:00
Distance	24 km	48 km	72 km

If a ship traveled away from port at a steady speed as shown in the table above, how far from port was it at 8:35?

    (1) 56 kilometers

    (2) 58 kilometers

    (3) 60 kilometers

    (4) 62 kilometers

    (5) Not enough information

10. Quadrilateral ABCD is a square. The coordinates of point A are (3, 2), the coordinates of point B are (-3, 2), and the coordinates of points C are (-3, -4).

    On the coordinate plane on your answer sheet, mark the location of point D.

8. Juanita extrajo de su cuenta de caja de ahorros $2,356 y $1,131. El saldo de la cuenta luego de las extracciones es de $11,516. ¿Cuál era su saldo antes de las extracciones?

    (1) $8,029

    (2) $15,003

    (3) $6,974

    (4) $10,461

    (5) $18,490

9. Observe la tabla siguiente.

Tiempo	7:00	8:00	9:00
Distancia	24 km	48 km	72 km

    Si un barco se aleja de un puerto a la velocidad ilustrada en la tabla anterior, ¿a qué distancia se encuentra del puerto a las 8:35?

    (1) 56 kilómetros

    (2) 58 kilómetros

    (3) 60 kilómetros

    (4) 62 kilómetros

    (5) No se proporciona información suficiente.

10. El cuadrilátero ABCD es un cuadrado. Las coordenadas del punto A son (3,2), las del punto B son (-3,2) y las del punto C son (-3,-4).

    Marque la ubicación del punto D en el plano de coordenadas de su hoja de respuestas.

Questions 11 to 15 refer to the following graph.

Karen's Take-Home Dollar

11. How much of each dollar does Karen spend on food and clothing?

    (1) $.35

    (2) $.25

    (3) $.15

    (4) $.20

    (5)   Not enough information is given

12. Suppose Karen earns $800 per week after taxes. How much money does she save each week?

    (1) $28

    (2) $280

    (3) $56

    (4) $112

    (5)   Not enough information is given

13. Suppose Karen brings home $800 per week after taxes. How much does she spend per week on entertainment?

    (1) $56

    (2) $120

    (3) $12

    (4) $24

    (5)   Not enough information is given

Las preguntas 11 a la 15 se refieren al gráfico siguiente.

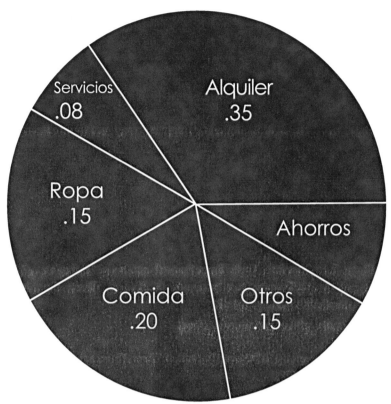

Servicios
.08

Alquiler
.35

Ropa
.15

Ahorros

Comida
.20

Otros
.15

Asignación de cada dólar en casa de Karina

11. ¿Qué cantidad de cada dólar gasta Karina en comida y ropa?
    (1) $.35
    (2) $.25
    (3) $.15
    (4) $.20
    (5) No se proporciona información suficiente.

12. Supongamos que Karina gana $800 por semana después de pagar impuestos. ¿Qué cantidad de dinero ahorra Karina por semana?
    (1) $28
    (2) $280
    (3) $56
    (4) $112
    (5) No se proporciona información suficiente.

13. Supongamos que Karina lleva a su casa $800 por semana después de pagar impuestos. ¿Cuánto gasta semanalmente en entretenimiento?
    (1) $56
    (2) $120
    (3) $12
    (4) $24
    (5) No se proporciona información suficiente.

14.   If Karen spends $90 per week on clothing, how much money does she take home each week?

    (1) $400

    (2) $550

    (3) $600

    (4) $700

    (5) $72

15.   If Karen brings home $450 per week, which of the following might she pay weekly for electricity?

    (1) $24

    (2) $38

    (3) $48

    (4) $60

    (5) $72

16.   Suzanne bought 4 record albums from Marvin's Music Emporium when it had a "Going Out of Business" sale. Two albums originally sold for $6.95 each; the other two for $8.95 each. Every album in the store was discounted by 30% How much did Suzanne spend?

Mark your answer in the circle in the grid on your answer sheet.

17.   What is the average height of a player on the 10ʰ Street Basketball Team if the heights of the individual players are 5′8", 6′1", 5′10", 6′3", and 5′9"?

    (1)   5′8"

    (2)   5′9"

    (3)   5′10"

    (4)   5′11"

    (5)   6′

18.   Hazel received a chain letter in the mail that instructed her to send $5 to the first name on the list. Hazel sent the $5, crossed off the receiver's name, and added her name to the bottom of the list that at any time consists of 6 names. She then sent copies to 10 of her friends, who were instructed to do likewise. Assuming everyone followed directions, by the time Hazel's name rose to the first position on the list, how much money would she receive?

    (1) $5,000

    (2) $50,000

    (3) $500,000

    (4) $5,000,000

    (5) $50,000,000

14. Si Karina gasta $90 por semana en ropa, ¿cuánto dinero lleva a su casa semanalmente?

    (1) $400

    (2) $550

    (3) $600

    (4) $700

    (5) $72

15. Si Karina lleva a su casa $450 por semana, ¿cuál de los montos siguientes podría estar pagando semanalmente por consumo de electricidad?

    (1) $24

    (2) $38

    (3) $48

    (4) $60

    (5) $72

16. Susana compró cuatro álbumes discográficos en el Emporio de la Música cuando estaban en liquidación por cierre de la tienda. Originalmente, dos álbumes se vendían a $6.95 cada uno y los otros dos a $8.95 cada uno, pero durante la liquidación todos los álbumes del negocio tenían un descuento del 30%. ¿Cuánto dinero gastó Susana?

    Marque su respuesta en los círculos de la grilla de su hoja de respuestas.

17. ¿Cuál es la altura media de un jugador del equipo de baloncesto de la Calle 10, si las alturas de los jugadores son 5'8", 6'1", 5'10", 6'3" y 5'9"?

    (1) 5´8"

    (2) 5´9"

    (3) 5´10"

    (4) 5´11"

    (5) 6´

18. Raquel recibió una carta de una cadena que la invitaba a enviar $5 al primer nombre de la lista. Raquel envió los $5, tachó en la lista el nombre del destinatario de su carta y agregó su nombre en el último lugar, a fin de mantener una cantidad constante de 6 nombres en la lista. Luego, envió la carta a 10 amigos con instrucciones de que hicieran lo mismo. Suponiendo que todos los participantes siguieran las instrucciones, ¿cuánto dinero recibirá Raquel cuando su nombre llegue al primer lugar de la lista?

    (1) $5,000

    (2) $50,000

    (3) $500,000

    (4) $5,000,000

    (5) $50,000,000

Questions 19 and 20 refer to the figure below.

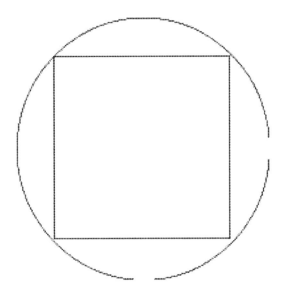

19. As shown in the figure, a square is inscribed in a circle of radius 5. What is the length of a side of the square?

(1) $5\sqrt{2}$

(2) $10\sqrt{2}$

(3) $5\sqrt{3}$

(4) 10

(5) 12

20. What is the area of the square in the figure?

(1) 25

(2) $25\sqrt{2}$

(3) 50

(4) $50\sqrt{2}$

(5) 100

21. In right triangle PQR, $\cot P = \dfrac{5}{12}$. Find the value of sec P.

Mark your answer in the circles in the grid on your answer sheet.

22. The shrew has a heartier appetite than any other animal. A shrew, weighing only $\dfrac{1}{8}$ of an ounce, is capable of eating $3\dfrac{1}{2}$ ounces of food in 8 days. How much can the shrew consume in one day?

Mark your answer in the circles in the grid on your answer sheet.

23. Bill invested a sum of money at 9% and a second sum at 18%. The second sum was $450 less than the first. He received an annual return of $162 from his investments. How much was placed at 18%?

Mark your answer in the circles in the grid on your answer sheet.

Las preguntas 19 y 20 se refieren a la figura siguiente:

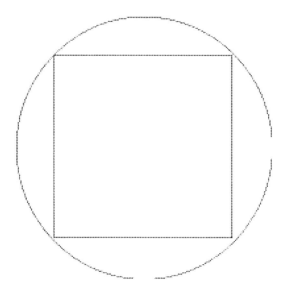

19. Tal como lo muestra la figura, un cuadrado está inscrito en un círculo de radio igual a 5. ¿Cuál es la longitud de un lado del cuadrado?

   (1) $5\sqrt{2}$
   (2) $10\sqrt{2}$
   (3) $5\sqrt{3}$
   (4) 10
   (5) 12

20. ¿Cuál es el área del cuadrado de la figura?

   (1) 25
   (2) $25\sqrt{2}$
   (3) 50
   (4) $50\sqrt{2}$
   (5) 100

21. En un triángulo rectángulo PQR, $\cot P = \dfrac{5}{12}$. Calcular el valor de sec P.
   Marque su respuesta en los círculos de la grilla de su hoja de respuestas.

22. La musaraña tiene el apetito más voraz que ningún otro animal. Una musaraña que sólo pesa $\dfrac{1}{8}$ de onza es capaz de comer $3\dfrac{1}{2}$ onzas de comida en 8 días. ¿Qué cantidad de alimento puede consumir una musaraña diariamente?

23. Guillermo invirtió una suma de dinero al 9% y una segunda cantidad al 18%. Esta última cantidad era $450 menor que la primera. Si recibió una utilidad anual de $162 por sus inversiones, ¿cuál es el monto invertido al 18%?
   Marque su respuesta en los círculos de la grilla de su hoja de respuestas.

24. Work O'Holic put in 12 hours per day, Monday through Friday, 8 hours on Saturday and 4 hours on Sunday to produce and package the liniment his factory needed. He is paid $8.40 an hour for a 40 hour week and time and a half for anything over 40 hours. How much did Mr. O'Holic gross for the week?

   (1) $436.80

   (2) $650.40

   (3) $736.80

   (4) $739.20

   (5) $840.00

25. How many cubic inches of liquid can the cylindrical can below hold?

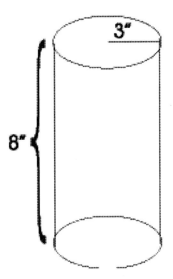

   (1) 48π

   (2) 64π

   (3) 72π

   (4) 96π

   (5) 108π

24. Juan Incansable trabaja 12 horas por día de lunes a viernes, 8 horas el sábado y 4 horas el domingo para producir y empacar el linimento que necesitaba su fábrica. Se le paga $8.40 por hora de una semana de 40 horas, y una vez y media ese monto por el tiempo que exceda las 40 horas. ¿Cuánto fue el ingreso bruto del Sr. Incansable durante esa semana?

    (1) $436.80

    (2) $650.40

    (3) $736.80

    (4) $739.20

    (5) $840.00

25. ¿Cuál es el volumen de líquido, expresado en pulgadas cúbicas, que puede contener la lata cilíndrica ilustrada a continuación?

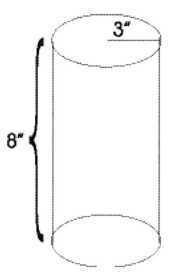

    (1) 48π

    (2) 64π

    (3) 72π

    (4) 96π

    (5) 108π

BOOKLET TWO: ESTIMATION AND MENTAL MATH
25 Questions – 45 Minutes – Calculator *Not* Permitted

1. Brian wishes to fence in a rectangular garden plot shown below. If the width of the garden is two feet less than half its length, the number of feet of fencing he will need can be represented as

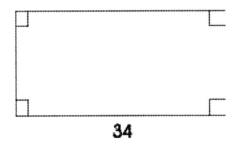

34

   (1)   34 + 15

   (2)   34 × 15

   (3)   2(34 × 15)

   (4)   2(34) + 2(17) – 2

   (5)   2(34) + 2(15)

2. If there are 10 millimeters in a centimeter and 10 centimeters in a decimeter, how many millimeters are there in a decimeter?

   (1)   1

   (2)   10

   (3)   100

   (4)   1000

   (5)   10,000

3. Penelope saved half of her birthday cake for her grandparents and Aunt Lucy who were coming for a visit. She divided what was left of the cake into 3 equal pieces. What portion of the original cake was each piece?

   (1) $\frac{1}{3}$

   (2) $\frac{1}{4}$

   (3) $\frac{1}{5}$

   (4) $\frac{1}{6}$

   (5) $\frac{1}{7}$

Parte tres: Pruebas de práctica
Prueba de Práctica de Matemáticas I para el GED
665

CUADERNILLO DOS: ESTIMACIÓN Y CÁLCULOS MENTALES

25 preguntas – 45 minutos – No se permite el uso de la calculadora

1. Bernardo quiere cercar una parcela de jardín rectangular, la cual se ilustra a continuación. Si el ancho del jardín es dos pies menos que la mitad de su largo, la longitud total de cerca expresada en pies que necesitará puede representarse como…

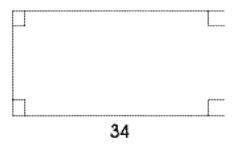

34

(1) $34 + 15$

(2) 34×15

(3) $2(34 \times 15)$

(4) $2(34) + 2(17) - 2$

(5) $2(34) + 2(15)$

2. Si un centímetro mide 10 milímetros y un decímetro tiene 10 centímetros, ¿cuántos milímetros contiene un decímetro?

(1)   1

(2)   10

(3)   100

(4)   1000

(5)   10,000

3. Penélope guardó la mitad de su pastel de cumpleaños para sus abuelos y su tía Lucía que vendrían a visitarla. Dividió el pastel que quedaba en 3 porciones iguales. ¿Qué parte del pastel original representa cada porción?

(1) $\dfrac{1}{3}$

(2) $\dfrac{1}{4}$

(3) $\dfrac{1}{5}$

(4) $\dfrac{1}{6}$

(5) $\dfrac{1}{7}$

4. As the diagram below shows, a 12-foot tall lamp-post casts an 8-foot long shadow at the same time that a tree nearby casts a 28-foot shadow. If T represents the height of the tree, which of the following equations could be solved to determine the value of T?

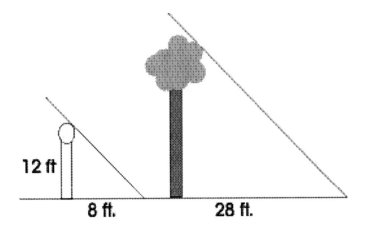

(1) $\dfrac{8}{12} = \dfrac{28}{T}$

(2) $\dfrac{8}{12} = \dfrac{T}{28}$

(3) $\dfrac{12}{8} = \dfrac{28}{T}$

(4) $\dfrac{12}{28} = \dfrac{8}{T}$

(5) $\dfrac{8}{28} = \dfrac{T}{12}$

5. 527(316 + 274) has the same value as which of the following?

(1)   316(527) + 274)

(2)   316 + 527 + 274

(3)   527(316) + 527(274)

(4)   316(527) + 316(274)

(5)   527(274 + 316(274)

4. Tal como lo ilustra el diagrama siguiente, un poste de iluminación de 12 pies de altura proyecta una sombra de 8 pies en el mismo momento que un árbol cercano proyecta una sombra de 28 pies. Si T representa la altura del árbol, ¿cuál de las siguientes ecuaciones debe resolverse para determinar el valor de T?

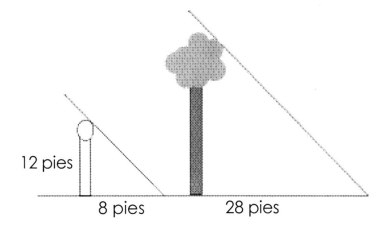

(1) $\dfrac{8}{12} = \dfrac{28}{T}$

(2) $\dfrac{8}{12} = \dfrac{T}{28}$

(3) $\dfrac{12}{8} = \dfrac{28}{T}$

(4) $\dfrac{12}{28} = \dfrac{8}{T}$

(5) $\dfrac{8}{28} = \dfrac{T}{12}$

5. ¿Cuál de las siguientes expresiones algebraicas tiene igual resultado que 527(316 + 274)?

(1) 316(527) + 274)

(2) 316 + 527 + 274

(3) 527(316) + 527(274)

(4) 316(527) + 316(274)

(5) 527(274 + 316(274)

6. If Elaine spends an average of 13 minutes on each interview at her temporary employment agency, approximately how many prospective employees can she interview in an 8-hour workday?

(1) $\dfrac{8 \times 13}{60}$

(2) $8 \times 60 \times 13$

(3) $\dfrac{8 \times 60}{13}$

(4) $\dfrac{13}{8}(60)$

(5) $\dfrac{60 \times 13}{8}$

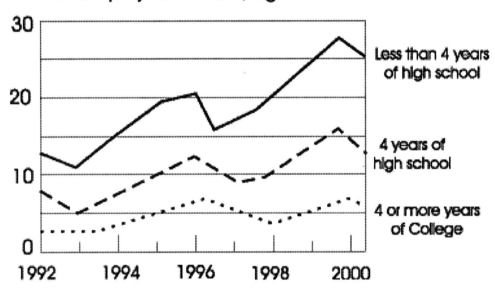

Unemployed Civilians, ages 18–24

The graph illustrates the unemployment rate by age and amount of education. The next 3 questions refer to the graph above.

7. According to the graph, in which year was unemployment the highest?

(1) 1996
(2) 1997
(3) 1998
(4) 1999
(5) 2000

6. Elena demora un promedio de 13 minutos por cada entrevista en su agencia de empleos temporarios. ¿Aproximadamente cuántos aspirantes a un empleo puede entrevistar en una jornada de trabajo de 8 horas?

(1) $\dfrac{8 \times 13}{60}$

(2) $8 \times 60 \times 13$

(3) $\dfrac{8 \times 60}{13}$

(4) $\dfrac{13}{8}(60)$

(5) $\dfrac{60 \times 13}{8}$

Civiles desempleados, edad 18-24

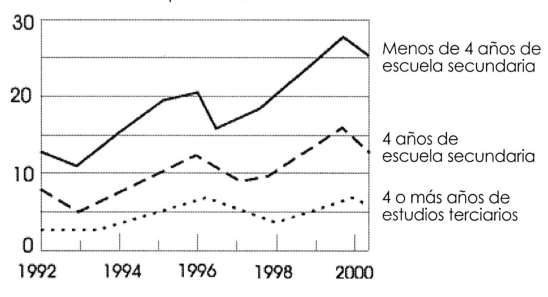

Menos de 4 años de escuela secundaria

4 años de escuela secundaria

4 o más años de estudios terciarios

El gráfico ilustra la tasa de desempleo por edad y nivel de educación recibida. Las tres próximas preguntas se refieren al gráfico anterior.

7. De acuerdo con el gráfico, ¿en qué año el desempleo fue mayor?
(1) 1996
(2) 1997
(3) 1998
(4) 1999
(5) 2000

8. What was the difference in percent of unemployment between high school graduates and those with less than 4 years of high school in 1997?

   (1) 6%

   (2) 10%

   (3) 12%

   (4) 15%

   (5) 18%

9. What was the greatest difference in unemployment rates for those with less than 4 years of high school?

   (1) 55

   (2) 10%

   (3) 15%

   (4) 20%

   (5) 25%

10. Twice the sum of 3 and a number is 1 less than 3 times the number. If the letter N is used to represent the number, which of the following equations could be solved in order to determine the number?

   (1) $2(3) + N = 3N - 1$

   (2) $2(3 \times N) = 3N - 1$

   (3) $2(3 + N) = 3N - 1$

   (4) $2(3 + N) - 1 = 3N$

   (5) $2(3 + N) = 1 - 3N$

11. A line segment has endpoints $(-1, -2)$ and $(3, 4)$.

   On the coordinate plane on your answer sheet, mark the midpoint of the line segment.

     12. If a car averages 60 mph on a cross country trip, how long would it take to go 1500 miles?

   (1) 20 hours

   (2) 25 hours

   (3) 30 hours

   (4) 35 hours

   (5) 40 hours

13. If $x^2 + 5x + 6 = 0$, then x =

   (1) $^-2$ and $^-3$

   (2) $^-3$ only

   (3) $^+3$ and $^+2$

   (4) $^+5$ only

   (5) $^+2$ only

Parte tres: Pruebas de práctica
Prueba de Práctica de Matemáticas I para el GED
671

8. En 1997, ¿cuál fue la diferencia entre el porcentaje de desempleo de los que finalizaron la escuela secundaria y aquéllos con menos de 4 años de escuela secundaria?

   (1)   6%

   (2)   10%

   (3)   12%

   (4)   15%

   (5)   18%

9. ¿Cuál fue la mayor diferencia en las tasas de desempleo de aquéllos con menos de 4 años de escuela secundaria?

   (1)   55

   (2)   10%

   (3)   15%

   (4)   20%

   (5)   25%

10. El doble de la suma de 3 y un número es 1 menos que 3 veces el número. Si la letra N representa el número, ¿cuál de las siguientes ecuaciones debe ser resuelta para determinar dicho número?

   (1) $2(3) + N = 3N - 1$

   (2) $2(3 \times N) = 3N - 1$

   (3) $2(3 + N) = 3N - 1$

   (4) $2(3 + N) - 1 = 3N$

   (5) $2(3 + N) = 1 - 3N$

11. Un segmento de recta tiene como orígenes (–1,–2) y (3, 4).

   En el plano de coordenadas de su hoja de respuestas, marque el punto medio del segmento de recta.

12. Si un auto marcha a un promedio de 60 mph en un viaje a través del país, ¿cuánto demorará en recorrer 1500 millas?

   (1)   20 horas

   (2)   25 horas

   (3)   30 horas

   (4)   35 horas

   (5)   40 horas

13. Si $x^2 + 5x + 6 = 0$, x = …

   (1)   ⁻2 y ⁻3

   (2)   sólo ⁻3

   (3)   ⁺3 y ⁺2

   (4)   sólo ⁺5

   (5)   sólo ⁺2

14.   Which of the following is the radius of the largest ball that will fit into the box shown below?

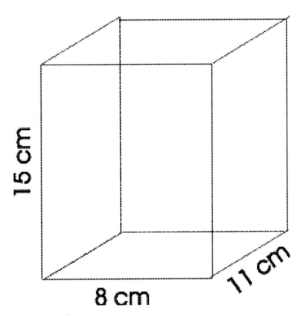

8 cm

11 cm

15 cm

   (1)   15 centimeters

   (2)   11 centimeters

   (3)   8 centimeters

   (4)   5 centimeters

   (5)   4 centimeters

15.   Stock in North American Electric fluctuated in price with a high of $67\frac{3}{4}$ and a low of $63\frac{5}{8}$. Find the difference between the high and the low price.

   Mark your answer in the circles in the grid on your answer sheet.

16.   In order to determine the expected mileage for a particular car, an automobile manufacturer conducts a factory test on five of these cars. The results, in miles per gallon, are 25.3, 23.6, 24.8, 23.0, and 24.3. What is the median mileage?

   Mark your answer in the circles in the grid on your answer sheet.

17.   James plans to cut 58 meters of fencing into 8 pieces of equal length. How long will each piece be?

   (1)   7.25 meters

   (2)   7.5 meters

   (3)   8 meters

   (4)   64 meters

   (5)   464 meters

Parte tres: Pruebas de práctica
Prueba de Práctica de Matemáticas I para el GED
673

14. ¿Cuál de las siguientes cantidades es el radio de la pelota más grande que puede caber en la caja ilustrada a continuación?

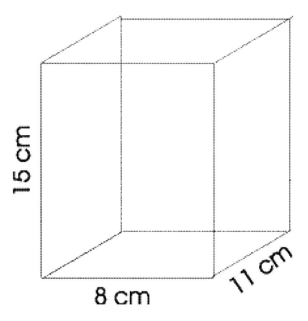

15 cm

8 cm

11 cm

   (1)   15 centímetros

   (2)   11 centímetros

   (3)   8 centímetros

   (4)   5 centímetros

   (5)   4 centímetros

15. Las cotizaciones de las acciones de la Compañía de Electricidad de Norteamérica fluctuaron entre un máximo de $67\frac{3}{4}$ y un mínimo de $63\frac{5}{8}$. Determinar la diferencia entre las cotizaciones máxima y mínima.

Marque su respuesta en los círculos de la grilla de su hoja de respuestas.

16. Para determinar el consumo de combustible de cierto modelo de automóvil, un fabricante realizó un ensayo con cinco de estos vehículos. Los resultados, expresados en millas por galón, fueron 25.3, 23.6, 24.8, 23.0 y 24.3. ¿Cuál es la mediana del consumo?

Marque su respuesta en los círculos de la grilla de su hoja de respuestas.

17. Jaime planea cortar 58 metros de cerca en 8 secciones de igual longitud. ¿Qué longitud tendrá cada sección?

   (1)   7.25 metros

   (2)   7.5 metros

   (3)   8 metros

   (4)   64 metros

   (5)   464 metros

18. Bill and Bert drove 530 miles to a secluded lake for a week of fishing. They drove for 10 hours, alternating between 60 mph on the highways and 40 mph through the towns. For how much of their trip were the men traveling 40 mph?

    (1) $3\frac{1}{2}$ hours

    (2) 4 hours

    (3) $4\frac{1}{2}$

    (4) $5\frac{1}{2}$

    (5) Not enough information is given

19. Mr. Scalici's office floor has measurements as shown below. The vinyl tiles that he chose for his flooring came in 1-foot squares, packed 12 to a carton. How many cartons would he need to buy in order to tile the entire floor?

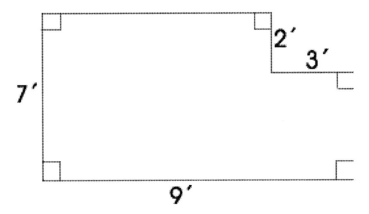

    (1) 2 cartons
    (2) 3 cartons
    (3) 4 cartons
    (4) 5 cartons
    (5) 6 cartons

20. Roast beef is selling at the local supermarket for $4.80 per pound. Alessandra buys $\frac{2}{3}$ of a pound. How much does she pay for it?

    (1) $4.13
    (2) $5.47
    (3) $4.80
    (4) $2.40
    (5) $3.20

18. Guille y Beto viajaron 530 millas hasta un lago aislado para una excursión de pesca de una semana. Manejaron 10 horas, alternando la velocidad entre 60 mph en autopista y 40 mph al cruzar ciudades. ¿Por cuánto tiempo tuvieron que viajar a 40 mph?

   (1) $3\dfrac{1}{2}$ horas

   (2) 4 horas

   (3) $4\dfrac{1}{2}$

   (4) $5\dfrac{1}{2}$

   (5) No se proporciona información suficiente

19. Las dimensiones del piso de la oficina del señor Suárez se ilustran más abajo. Las baldosas de vinilo que eligió para cubrir el piso miden 1 pie cuadrado y se venden en cajas de 12 unidades. ¿Cuántas cajas necesitará comprar para cubrir completamente su oficina?

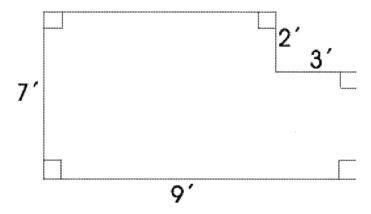

   (1) 2 cajas

   (2) 3 cajas

   (3) 4 cajas

   (4) 5 cajas

   (5) 6 cajas

20. En el supermercado local se vende la carne a $4.80 la libra. Alejandra compra $\dfrac{2}{3}$ de libra. ¿Cuánto debe pagar?

   (1) $4.13

   (2) $5.47

   (3) $4.80

   (4) $2.40

   (5) $3.20

21. There are 155 children signed up for a class field trip. The number of girls exceeds the number of boys by 17. If B represents the number of boys, which of the following equations could be solved to determine the number of boys signed up for the class trip?

    (1) B + (B − 17) = 155

    (2) 155 + B = B + 17

    (3) B + (B + 17) = 155

    (4) 155 + B = B - 17

    (5) B + (B − 17) = 138

22. A triangular shaped building lot has a front on the road that is 20 meters long, as shown in the diagram below. What is the area of the lot?

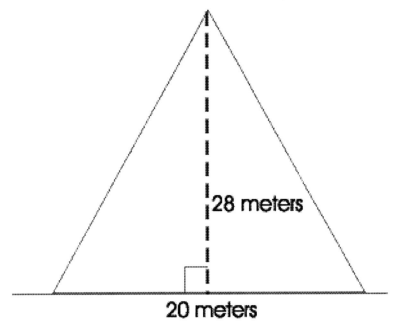

    (1) 140 m²

    (2) 280 m²

    (3) 500 m²

    (4) 750 m²

    (5) 1,000 m²

23. A vending machine contains $21 in dimes and nickels. Altogether there are 305 coins. If N represents the number of nickels, which of the following equations could be solved in order to determine the value of N?

    (1) .10(N − 305) + .5N = 21

    (2) 10(305 − N) + 5N = 21

    (3) .10N + .05(305 − N) = 21

    (4) .10 (N −21) + 5N = 305

    (5) .10(305 − N) + .05N = 21

21. Para un viaje escolar se anotaron en total 155 alumnos. El número de niñas excede al número de niños en 17. Si B representa al número de niños, ¿cuál de las ecuaciones siguientes debe ser resuelta para determinar el número de niños anotados?

    (1)   B + (B – 17) = 155

    (2)   155 + B = B + 17

    (3)   B + (B + 17) = 155

    (4)   155 + B = B - 17

    (5)   B + (B – 17) = 138

22. El frente de un lote de forma triangular tiene 20 metros de largo, tal como se muestra en el diagrama siguiente. ¿Cuál es el área del lote?

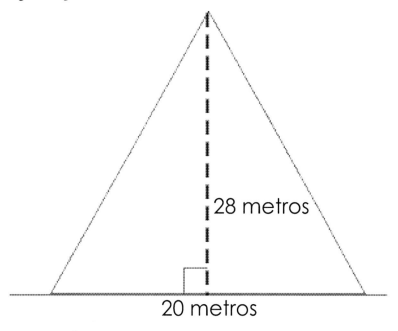

28 metros

20 metros

    (1)   140 m²

    (2)   280 m²

    (3)   500 m²

    (4)   750 m²

    (5)   1,000 m²

23. Una máquina expendedora contiene $21 en monedas de 10 centavos y de 5 centavos. En conjunto hay 305 monedas. Si N representa el número de monedas de 5 centavos, ¿cuál de las siguientes ecuaciones debe ser resuelta para determinar el valor de N?

    (1)   .10(N – 305) + .5N = 21

    (2)   10(305 – N) + 5N = 21

    (3)   .10N + .05(305 – N) = 21

    (4)   .10 (N –21) + 5N = 305

    (5)   .10(305 – N) + .05N = 21

Questions 24-25 refer to the following graph:

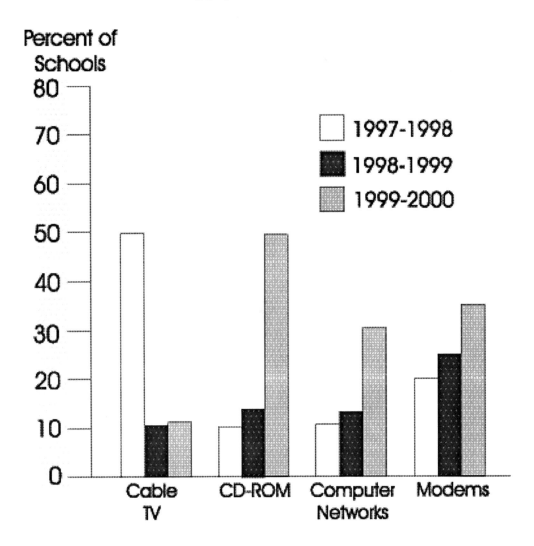

24. In the year that 15% of the public schools had CD-ROMs, what percent had modems.

    (1)   5%

    (2)   10%

    (3)   20%

    (4)   25%

    (5)   40%

25. In 1997-1998, there were 1500 schools. How many more schools used cable TV than used modems?

    (1)   25

    (2)   350

    (3)   375

    (4)   425

    (5)   450

Las preguntas 24 y 25 se refieren al gráfico siguiente:

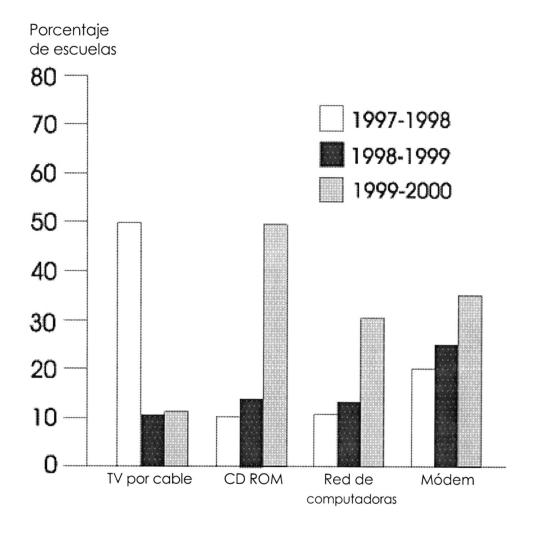

24. En el año en que el 15% de las escuelas públicas tenían CD-ROM, ¿qué porcentaje tenía módem?

    (1)   5%
    (2)   10%
    (3)   20%
    (4)   25%
    (5)   40%

25. En 1997-1998, había 1500 escuelas. ¿Cuántas más escuelas tenían TV por cable que módem?

    (1)   25
    (2)   350
    (3)   375
    (4)   425
    (5)   450

SOLUTIONS TO SAMPLE GED MATHEMATICS TEST I

Booklet One: Mathematical Understanding and Application

25 Questions – 45 Minutes – Calculator Permitted

1. **(4)** 3 sodas at $0.95 each cost a total of $2.85. With the $0.65 newspaper, the total is $3.50. The change from a $10.00 bill would be $10.00 - $3.50 = $6.50.

2. **(3)** A 16% discount means that you would normally pay 84% of $56 for the glove, or .84 x 56 = $47.04. Now take another $\frac{1}{5}$ off $47.04. That means divide $47.04 by 5, multiply it by $\frac{1}{5}$, or multiply it by .20 to find out how much more to take off, or, if you are taking off another 20% ($\frac{1}{5}$) you are paying 80% of $47.04 = .80 x $47.04 = $37.63.

3. **(1)** Make a proportion: $\frac{2.54 \, cm}{1 \, inch} = \frac{1 \, cm}{x \, inch}$

   $2.54x = 1$

   $x = .3937$, or .4 inch

4. $12(12.5) + 18(8.25) + 24(7) = 150 + 148.5 + 168 = 466.5$ meters. Therefore, the number 466.5 should be coded on your answer sheet, as shown below.

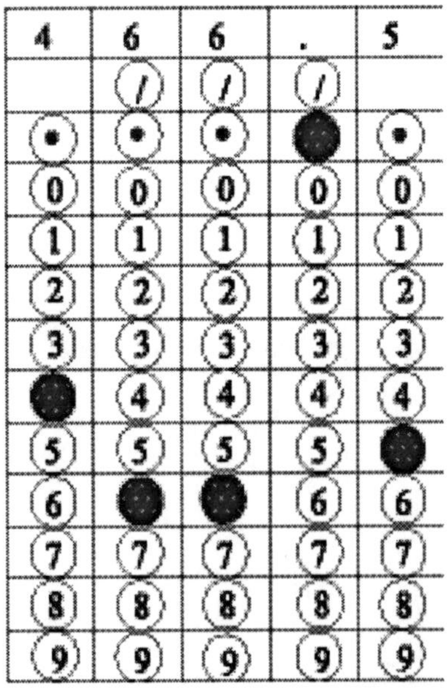

4	6	6	.	5
	/	/	/	
•	•	•	●	•
0	0	0	0	0
1	1	1	1	1
2	2	2	2	2
3	3	3	3	3
●	4	4	4	4
5	5	5	5	●
6	●	●	6	6
7	7	7	7	7
8	8	8	8	8
9	9	9	9	9

Parte tres: Pruebas de práctica
Prueba de Práctica de Matemáticas I para el GED
681

SOLUCIONES DE LA PRUEBA DE PRÁCTICA I DE MATEMÁTICAS DEL GED

Cuadernillo uno: Comprensión y aplicación de la matemática

25 preguntas – 45 minutos – Se permite el uso de la calculadora

1. **(4)** Los tres refrescos a $0.95 cada uno suman un total de $2.85. Si agregamos $0.65 del periódico, el total es $3.50. El vuelto del billete de $10 será $10 - $3.50 = $6.50.

2. **(3)** Un descuento del 16% significa que pagará el 84% de los $56 que vale el guante, o .84 x 56 = $47.04. Ahora descontamos $\frac{1}{5}$ de los $47.04. Esto significa dividir $47.04 por 5 (o multiplicarlo por $\frac{1}{5}$ o por .20) para calcular el monto del nuevo descuento. También podemos considerar que si se descuenta un 20% adicional ($\frac{1}{5}$) , pagará el 80% de $47.04 = .80 x $47.04 = $37.63.

3. **(1)** Plantee una proporción: $\dfrac{2.54\,cm}{1 \text{ pulgada}} = \dfrac{1cm}{x \text{ pulgada}}$

   $2.54x = 1$

   $x = .3937$ ó $.4$ pulgadas

4. $12(12.5) + 18(8.25) + 24(7) = 150 + 148.5 + 168 = 466.5$ metros. Por lo tanto, usted debe codificar el número 466.5 en su hoja de respuestas, tal como se muestra a continuación.

4	6	6	.	5
	/	/	/	
•	•	•	●	•
0	0	0	0	0
1	1	1	1	1
2	2	2	2	2
3	3	3	3	3
●	4	4	4	4
5	5	5	5	●
6	●	●	6	6
7	7	7	7	7
8	8	8	8	8
9	9	9	9	9

5. **(1)** Form a proportion:

$$\frac{60\text{pages}}{90\text{min}} = \frac{436\text{pages}}{x\text{ min}} \text{(time needed to read the entire book)}$$

$$\frac{60}{90} = \frac{2}{3}, \text{ therefore } \frac{2}{3} = \frac{436}{x}$$

$$2x = 1308$$

$x = 654$ minutes

Dividing by 60, we get 10 hours, 54 minutes, or 10.9 hours.

$$10.9 - 1.5 = 9.4 \text{ hours (time needed to finish the book)}$$

6. **(3)** The volume of each cassette box is $2.5 \times 4 \times \frac{3}{4} = 2.5 \times 4 \times 0.75 = 7.5$ cubic inches. The number of cassette boxes that will fit into a crate that is 180 cubic inches is $180 \div 7.5 = 24$.

7. A day call would cost 0.34×44 minutes $+ \$0.48$, Or $15.44. If the evening rate discounts the day rates by 35%, an evening call would cost 65% of $15.44, or $0.65 \times \$15.44 = \$10.04$. The saving is $15.44 - $10.04, or $5.40. Therefore, the number $5.40 should be coded on your answer sheet, as shown below.

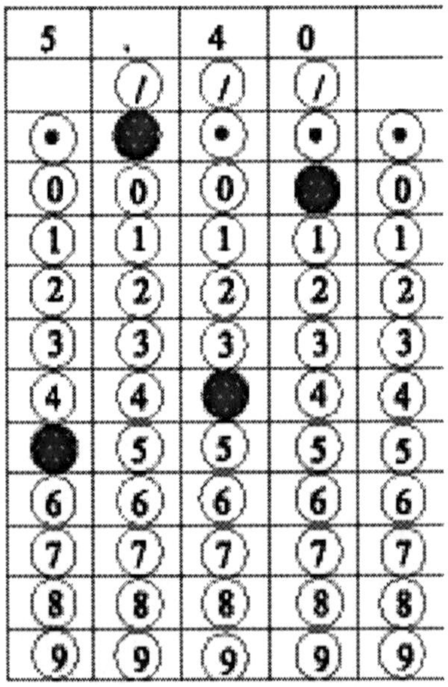

5	.	4	0	
	/	/	/	
•	●	•	•	•
0	0	0	●	0
1	1	1	1	1
2	2	2	2	2
3	3	3	3	3
4	4	●	4	4
●	5	5	5	5
6	6	6	6	6
7	7	7	7	7
8	8	8	8	8
9	9	9	9	9

8. **(2)** The balance before the withdrawals would equal the remaining balance plus the amounts of the two withdrawals. Thus, the solution is $11,516 + $2,356 + $1,131 = $15,003.

9. **(4)** The ship is traveling at 24 km/hr. In 35 minutes it will go $\frac{35}{60}$ of 24 kilometers. $\frac{35}{60} \times \frac{24}{1} = 14$ kilometers.

48 kilometers that the ship was out at 8:00 + 14 = 62 kilometers.

5. **(1)** Plantee una proporción:

$$\frac{60 \text{ páginas}}{90 \text{ min.}} = \frac{436 \text{ páginas}}{x \text{ min.}}$$ (el tiempo requerido para leer el libro completo)

$\frac{60}{90} = \frac{2}{3}$, por lo tanto $\frac{2}{3} = \frac{436}{x}$

$2x = 1308$

$x = 654$ minutos

Dividiendo por 60, obtenemos 10 horas 54 minutos, o 10.9 horas.

10.9 − 1.5 = 9.4 horas (tiempo que Pedro necesita para finalizar el libro)

6. **(3)** El volumen de cada casete es $2.5 \times 4 \times \frac{3}{4} = 2.5 \times 4 \times 0.75 = 7.5$ pulgadas cúbicas. El número de casetes que caben en la caja de 180 pulgadas cúbicas es $180 \div 7.5 = 24$.

7. Una llamada diurna costaría 0.34×44 minutos + \$0.48, o \$15.44. Si el descuento en llamadas nocturnas es 35% sobre la tarifa diurna, una llamada nocturna costará el 65% de \$15.44, o $0.65 \times \$15.44 = \$10.04$. El ahorro es \$15.44 - \$10.04, o \$5.40. Por lo tanto, debe codificar el número \$5.40 en la hoja de respuestas, tal como se muestra a continuación.

5	.	4	0	
	/	/	/	
•	●	•	•	•
0	0	0	●	0
1	1	1	1	1
2	2	2	2	2
3	3	3	3	3
4	4	●	4	4
●	5	5	5	5
6	6	6	6	6
7	7	7	7	7
8	8	8	8	8
9	9	9	9	9

8. **(2)** El saldo antes de las extracciones es igual al último saldo más los montos de las dos extracciones. Por lo tanto, la solución es $11,516 + $2,356 + $1,131 = $15,003.

9. **(4)** El barco está viajando a 24 km/h. En 35 minutos avanzará $\frac{35}{60}$ ó 24 kilómetros. Luego, $\frac{35}{60} \times \frac{24}{1} = 14$ kilómetros.

A las 8:00 el barco estaba a 48 kilómetros. Sumando 14 kilómetros, obtenemos 62 kilómetros.

10.   When point A(3, 2), and point B(-3, 2), when connected, form a horizontal line segment of length 6, each side of the square must be of length 6. The missing corner is 6 units below (3, 2), which puts it at (3, -4). Therefore, the point (3, -4) must be entered on your answer sheet as shown below.

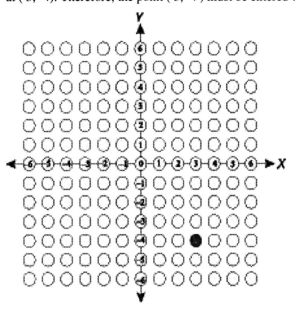

11.   **(1)** Add together the amount spent on food (.20) and the amount spent on clothes (.15):

        .20 + .15 = $.35 spent on food and clothing

12.   **(3)** First find out how much of each dollar she saves. To do that, add up all of the known amounts on the pie and subtract from $1.00:

        $1.00 − (.35 + .08 + .15 + .20 + .15) = $.07

        That means that she saves $.07 of each dollar she takes home. Now, multiply the amount she saves per dollar by the number of dollars she takes home:

        $800 × .07 = $56.00

        Thus, she saves $56 per week.

13.   **(5)** While the amount Karen spends for entertainment is in the "Other" segment of the pie, we don't know that it's the only thing covered in that segment, hence there is not enough information to answer the question.

14.   **(3)** Karen spends $0.15 out of each dollar on clothing. If she's spending $90 on clothing a week, set up a proportion comparing her weekly clothing expense to her clothing expense per dollar:

        Weekly clothing: weekly income as clothing expense per dollar:

        Mathematically, letting x = weekly income, that's $\dfrac{90}{x} = \dfrac{.15}{1}$

        .15x = 90

        x = 600

        She takes home $600 per week.

10. Al conectar los puntos A (3,2) y B (-3,2) se define un segmento de recta horizontal de longitud 6, por lo que cada lado del cuadrado deberá tener una longitud de 6. La esquina faltante está 6 unidades por debajo de (3,2), lo que la posiciona en (3,-4). Por lo tanto, debe marcar en su hoja de respuestas el punto (3,-4), tal como se muestra a continuación:

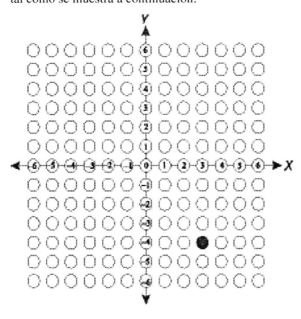

11. **(1)** Sume el monto gastado en alimento (.20) y el monto gastado en ropa (.15):

.20 + .15 = $.35 que gasta en alimento y ropa.

12. **(3)** Primero, calculamos cuánto ahorra de cada dólar. Para ello, sumamos todos los montos indicados en el gráfico circular y los restamos de $1.00:

$1.00 − (.35 + .08 + .15 + .20 + .15) = $.07

Esto significa que ahorra $.07 por cada dólar que trae a su casa. Ahora, multiplicamos el monto que ahorra de cada dólar por el número de dólares que trae a su casa:

$800 × .07 = $56.00

Por lo tanto, ahorra semanalmente $56.

13. **(5)** Dado que el monto que Karina gasta en entretenimiento está en la sección "Otros" del gráfico circular, no sabemos si es el único gasto considerado en ese grupo. Por lo tanto, no se proporciona información suficiente para responder la pregunta.

14. **(3)** Karina gasta $.15 de cada dólar en ropa. Si gasta un total de $90 por semana en ropa, escribimos una proporción que compare el gasto semanal total con el gasto por cada dólar:

$$\frac{\text{gasto semanal en ropa}}{\text{ingreso semanal}} = \frac{\text{gasto en ropa de cada dolar}}{1 \text{ dólar}}$$

Matemáticamente, si x = ingreso total por semana: $\frac{90}{x} = \frac{.15}{1}$

$.15x = 90$

$x = 600$

Karina lleva a su casa semanalmente $600.

15.   **(1)** $.08 of every dollar goes for utilities. Electricity is a utility: 0.08 x 450 = $36 means she spends $36 per month on all her utilities. The only possible answer is $24, since she can't spend more on one utility than she spends on all utilities.

16. $2 \times \$6.95 = \$13.90$. $2 \times \$8.95 = \$17.90$. Adding them together makes a total list price of $31.80. With a 30% discount, Suzanne pays 70% of list. $.70 \times \$31.80 = \$22.26$. Therefore, the number $22.26 should be coded on your answer sheet, as shown below.

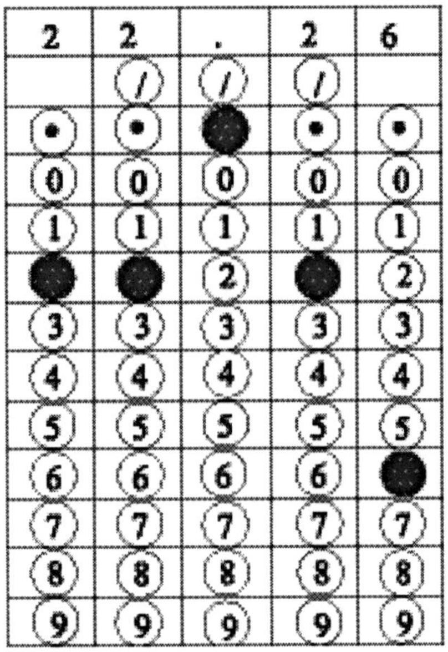

2	2	.	2	6
	/	/	/	
•	•	●	•	•
0	0	0	0	0
1	1	1	1	1
●	●	2	●	2
3	3	3	3	3
4	4	4	4	4
5	5	5	5	5
6	6	6	6	●
7	7	7	7	7
8	8	8	8	8
9	9	9	9	9

17.   **(4)** To find the average, add all the values given, then divide by the number of values. To add the values in this problem, first change all the heights to inches:

$5'8" = 68"$

$6'1" = 73"$

$5'10" = 70$

$6'3" = 75"$

$5'9" = \underline{69"}$

$355" \div 5" = 71"$

$71" \div 12" = 5'11"$

18.   **(4)** Hazel writes 10 letters with her name at the bottom of the list of 6. Each of those 10 writes 10 (=100) letters with Hazel's name in 5th place. Each of those 100 writes 10 (=1,000) letters with Hazel's name in 4th place. Each of those 1,000 writes 10 (=10,000) letters with Hazel's name in 3rd place. Each of those 10,000 writes 10 (=100,000) letters with Hazel's name in 2nd place. Each of those 10 writes 10 (=1,000,000) letters with Hazel's name in 1st place. Now Hazel gets 1,000,000 $5 bills, or $5,000,000. P.S. This scheme is illegal, but it's fun to think about, isn't it?

15. **(1)** De cada dólar, Karina gasta $.08 en servicios. La electricidad es un servicio, de modo que 0.08 x 450 = $36. Esto indica que gasta mensualmente $36 en servicios. La única respuesta posible es $24, dado que no puede gastar más en un servicio que lo que gasta en todos ellos.

16. 2 × $6.95 = $13.90. 2 × $8.95 = $17.90. Sumados, totalizan un precio de lista de $31.80. Con el descuento del 30%, Susana paga el 70% del precio de lista: .70× $31.80 = $22.26. Por lo tanto debe codificar el número $22.26 en su hoja de respuestas, tal como se muestra a continuación.

2	2	.	2	6
	/	/	/	
•	•	●	•	•
0	0	0	0	0
1	1	1	1	1
●	●	2	●	2
3	3	3	3	3
4	4	4	4	4
5	5	5	5	5
6	6	6	6	●
7	7	7	7	7
8	8	8	8	8
9	9	9	9	9

17. **(4)** Para calcular el promedio, sume todas las cantidades proporcionadas y divídalas por el número de valores. Para sumar las cantidades de este problema, transforme primero las alturas a pulgadas:

   5´8" = 68"

   6´1" = 73"

   5´10" = 70

   6´3" = 75"

   5´9" = 69"

   355" ÷ 5" = 71"

   71" ÷ 12" = 5´11"

18. **(4)** Raquel escribe 10 cartas con su nombre en el último lugar de la lista de 6 nombres. Cada uno de esos 10 destinatarios escribe 10 cartas (total = 100) con el nombre de Raquel en el 5º lugar. Cada uno de esos 100 destinatarios escribe 10 cartas (total = 1,000) con el nombre de Raquel en el 4º lugar. A su vez, cada uno de esos 1,000 destinatarios escribe 10 cartas (total = 10,000) con el nombre de Raquel en el 3º lugar. Y cada uno de esos 10,000 destinatarios escribe 10 cartas (total = 100,000) con el nombre de Raquel en el 2º lugar. Por último, cada una de esas 100,000 personas escribe 10 cartas (total = 1,000,000) con el nombre de Raquel en el 1º lugar. Por lo tanto, Raquel recibe 1,000,000 de billetes de $5, o $5,000,000. Nota: Estas cadenas son ilegales, pero es divertido imaginar que pueden funcionar, ¿no es cierto?

19. **(1)** The diameter of the circle, which is 10, is equal to the length of the diagonal of the square. If the length of the side of the square is equal to S, then, by the Pythagorean theory,

$$S^2 + S^2 = 10^2$$
$$2S^2 = 100$$
$$S^2 = 50$$
$$S = \sqrt{50} = 5\sqrt{2}$$

20. **(3)** Since the square is $5\sqrt{2}$ by $5\sqrt{2}$, its area is $(5\sqrt{2})^2 = 50$.

21. The cotangent of an angle is defined as the ratio $\dfrac{\text{adjacent}}{\text{opposite}}$. Thus, triangle PQR can be treated as if it is a right triangle with legs of 5 and 12. The side adjacent to angle P would be 5, and the side opposite would be 12. The Pythagorean Theorem can be used to compute the hypotenuse of 13. The secant of an angle is defined as the ratio $\dfrac{\text{hypotenuse}}{\text{adjacent}}$. Thus, $\sec P = \dfrac{13}{5}$. In order to code this on the answer sheet, it can be written as a decimal, which would be 2.6. Thus, 2.6 can be coded on the answer sheet, as shown below:

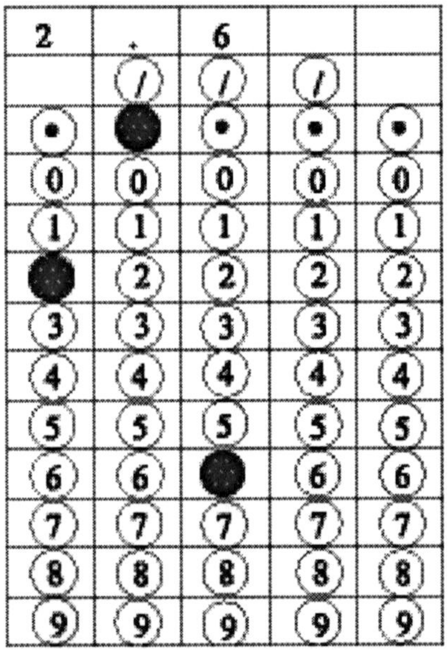

2	.	6		
	/	/	/	
•	●	•	•	•
0	0	0	0	0
1	1	1	1	1
●	2	2	2	2
3	3	3	3	3
4	4	4	4	4
5	5	5	5	5
6	6	●	6	6
7	7	7	7	7
8	8	8	8	8
9	9	9	9	9

19. **(1)** El diámetro del círculo es 10 y es igual a la longitud de la diagonal del cuadrado. Si llamamos L al lado del cuadrado, aplicando el teorema de Pitágoras:

$$L^2 + L^2 = 10^2$$

$$2L^2 = 100$$

$$L^2 = 50$$

$$L = \sqrt{50} = 5\sqrt{2}$$

20. **(3)** Dado que el cuadrado mide $5\sqrt{2}$ por $5\sqrt{2}$, su área es $(5\sqrt{2})^2 = 50$.

21. La cotangente de un ángulo se define como la razón $\dfrac{adyacente}{opuesto}$. Por lo tanto, el triángulo PQR puede ser considerado un triángulo rectángulo con catetos de 5 y 12 unidades. El cateto adyacente al ángulo P medirá 5 unidades y el opuesto 12. El teorema de Pitágoras permite calcular que la hipotenusa mide 13 unidades. La secante de un ángulo se define como la razón $\dfrac{hipotenusa}{adyacente}$. Por lo tanto, sec P = $\dfrac{13}{5}$. Para codificar esto en la hoja de respuestas podemos expresarla como número decimal: 2.6. Por lo tanto, podrá codificar 2.6 en su hoja de respuestas, tal como se muestra a continuación:

22. To solve this problem, write $3\frac{1}{2}$ as 3.5, and divide by 8. $3.5 \div 8 = .4375$. Thus, .4375 must be coded on the answer sheet as shown below:

.	4	3	7	5
/	/	/	/	
●	•	•	•	•
0	0	0	0	0
1	1	1	1	1
2	2	2	2	2
3	3	●	3	3
4	●	4	4	4
5	5	5	5	●
6	6	6	6	6
7	7	7	●	7
8	8	8	8	8
9	9	9	9	9

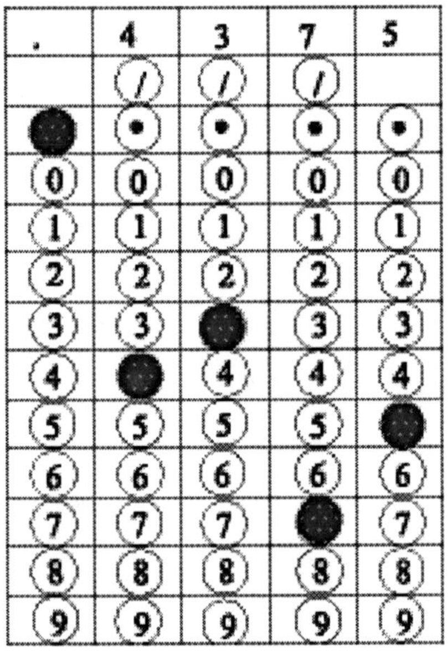

23. Bill invested x dollars at 9% and $x - 450$ at 18%. His annual return from both investments is represented by the equation:

$$.09x + .18(x - 450) = 162$$
$$9x + 18(x - 450) = 16,200$$
$$9x + 18x - 8,100 = 16,200$$
$$27x = 24,300$$
$$x = 900$$

That means that $450 was invested at 18%. Thus, $450 must be coded on the answer sheet as shown below:

4	5	0		
	/	/	/	
•	•	•	•	•
0	0	●	0	0
1	1	1	1	1
2	2	2	2	2
3	3	3	3	3
●	4	4	4	4
5	●	5	5	5
6	6	6	6	6
7	7	7	7	7
8	8	8	8	8
9	9	9	9	9

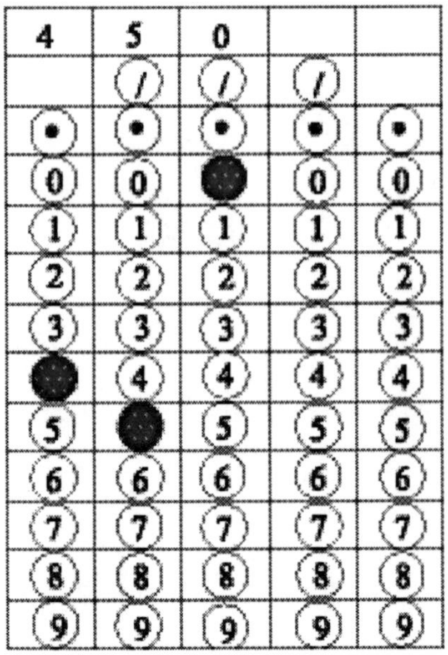

22. Para resolver este problema, exprese $3\frac{1}{2}$ como 3.5 y divídalo por 8. Luego, $3.5 \div 8 = .4375$. Por lo tanto, debe codificar .4375 en su hoja de respuestas, tal como se muestra a continuación:

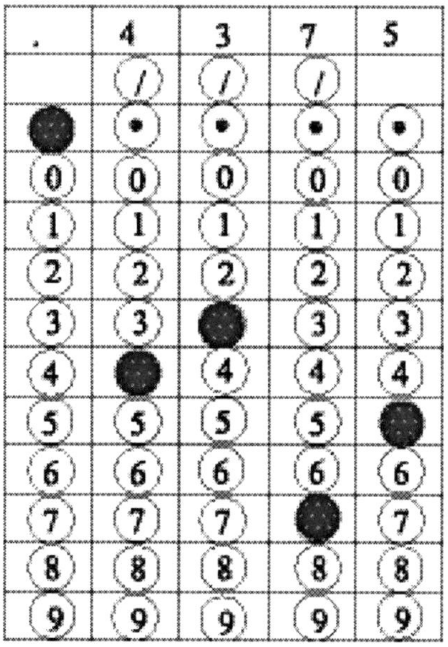

23. Guillermo invirtió x dólares al 9% y $x - 450$ al 18%. La siguiente ecuación representa su utilidad anual por ambas inversiones:

$$.09x + .18(x - 450) = 162$$
$$9x + 18(x - 450) = 16,200$$
$$9x + 18x - 8,100 = 16,200$$
$$27x = 24,300$$
$$x = 900$$

Esto significa que invirtió $450 al 18%. Por lo tanto, debe codificar $450 en su hoja de respuestas, tal como se muestra a continuación:

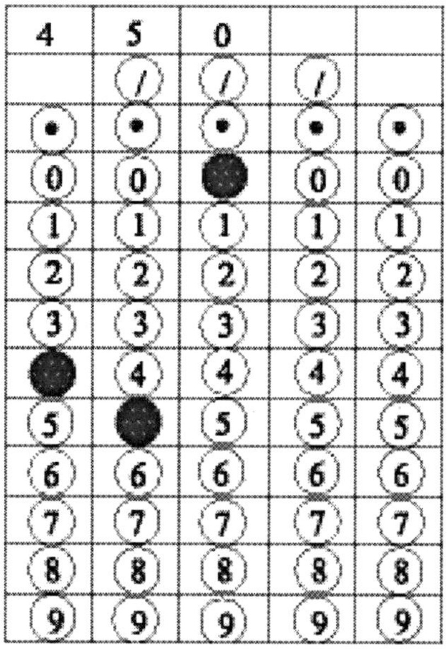

24. **(4)** 5 x 12 = 60 hours Monday through Friday, + 12 hours for the weekend. That is a total of 72 hours. 72 is 32 more than 40 hours, so the pay is 40($8.40) and 32($1\frac{1}{2} \times $8.40).

$$= 336 + 32(12.60)$$
$$= 336 + 403.20$$
$$= \$739.20$$

25. **(3)** The formula for the volume of a cylinder is $V = \pi r^2 h$. Thus, $V = \pi(3)^2(8) = \pi(9)(8) = 72\pi$.

Booklet Two: Estimation and Mental Math

25 Questions – 45 Minutes – Calculator *Not* Permitted

1. **(5)** The length of the rectangular garden is 34 feet. If the width is two feet less than half its length, then the width is 17 – 2 = 15 feet. In order to fence in the garden, Brian would need 34 + 34 + 15 + 15 feet, which is the same as 2(34) + 2(15).

2. **(3)** 10 x 10 = 100 millimeters

3. **(4)** $\dfrac{\frac{1}{2}}{3} = \dfrac{1}{2} \times \dfrac{1}{3} = \dfrac{1}{6}$

4. **(1)** The only proportion that is set up correctly is the first one, in which the comparison is "length of lamp-post shadow : height of lamp-post as length of tree shadow : height of tree."

5. **(3)** This is an illustration of the distributive property.

$$527(316 + 274) = 527(316) + 527(274)$$

6. **(3)** Multiply 8 x 60 to find the number of minutes in each workday. Then divide by 13 to find number of interviews per day.

$$\frac{8 \times 60}{13}$$

7. **(5)** The highest peaks on all three graphs occur in 2000.

8. **(1)** In 1997, the high school graduate line is at about 10%, while the line for those with less than 4 years of high school is at 15%. The difference, then, is about 5%. The answer of 6% is the closest choice given.

9. **(3)** The greatest difference occurs between the low in 1993, and the high in 2000. The low is about 12%, while the high is about 27%. The difference is found by subtracting 12 from 27 and getting 15%.

10. **(3)** The word "sum" indicates addition, so twice the sum of 3 and a number is represented by 2(3 + N). Then, "less than" indicates subtraction, so 1 less than 3 times the number is represented by 3N – 1.

Parte tres: Pruebas de práctica
Prueba de Práctica de Matemáticas I para el GED
693

24. **(4)** 5 x 12 = 60 horas de lunes a viernes + 12 horas durante el fin de semana, totalizan 72 horas. La diferencia entre las 40 horas y las 72 horas es 32 horas, por lo que la paga es 40($8.40) sumados a 32($1\frac{1}{2} \times \$8.40$).

$$= 336 + 32(12.60)$$
$$= 336 + 403.20$$
$$= \$739.20$$

25. **(3)** La fórmula para calcular el volumen de un cilindro es $V = \pi r^2 h$. Por lo tanto, $V = \pi(3)^2(8) = \pi(9)(8) = 72\pi$.

Cuadernillo dos: ESTIMACIÓN Y CÁLCULOS MENTALES

25 preguntas – 45 minutos – No se permite el uso de la calculadora

1. **(5)** El largo del jardín rectangular es de 34 pies. Si el ancho es 2 pies menos que la mitad de su largo, el ancho medirá 17 - 2 = 15 pies. Para cercar el jardín, Bernardo necesitará 34 + 34 + 15 + 15 pies, lo que es igual a 2(34) + 2(15).

2. **(3)** 10 x 10 = 100 milímetros.

3. **(4)** $\dfrac{\frac{1}{2}}{3} = \dfrac{1}{2} \times \dfrac{1}{3} = \dfrac{1}{6}$

4. **(1)** La única proporción definida correctamente es la primera, que plantea la siguiente igualdad: "sombra del poste:altura del poste = sombra del árbol:altura del árbol".

5. **(3)** Esta es una aplicación de la propiedad distributiva:

$$527(316 + 274) = 527(316) + 527(274)$$

6. **(3)** Multiplique 8 x 60 para obtener el número de minutos de cada jornada de trabajo. Luego divídalo por 13 para determinar el número de entrevistas por día:

$$\frac{8 \times 60}{13}$$

7. **(5)** Los picos más altos en los tres gráficos tienen lugar en el año 2000.

8. **(1)** Para 1997, la línea de quienes finalizaron la escuela secundaria se ubica alrededor del 10%, mientras que la línea de quienes tienen menos de 4 años de escuela secundaria se sitúa en el 15%. Entonces, la diferencia es de alrededor del 5%. La respuesta 6% es la opción más cercana.

9. **(3)** La mayor diferencia tiene lugar entre el mínimo de 1993 y el máximo del 2000. El mínimo es alrededor del 12%, mientras que el máximo es de un 27%. La diferencia se obtiene restando 12 de 27, lo que resulta en 15%.

10. **(3)** La palabra "suma" indica adición, por lo que dos veces la suma de 3 y un número se representa como 2(3 + N). Luego, "menos que" indica resta, por lo que "1 menos que 3 veces el número" puede representarse como 3N - 1.

11. The midpoint of a line segment has an x-coordinate which can be found by taking the average (mean) of the x-coordinates of the endpoints, and a y-coordinate which can be found by taking the average (mean) of the y-coordinates of the endpoints. Thus, the x-coordinate of the midpoint is the average of –1 and 3, which is 1. The y-coordinate of the midpoint is the average of –2 and 4, which is 1. Therefore, the midpoint is (1, 1), which must be coded on the answer sheet as shown below.

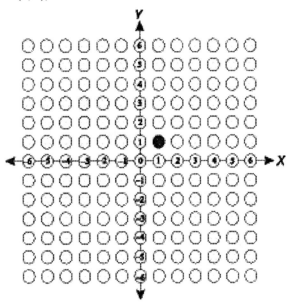

12. **(2)** $d = rt$

$1500 = 60t$

$t = 25$ hours

13. **(1)** $x^2 + 5x + 6 = 0$

$(x + 3)(x + 2) = 0$

$x + 3 = 0$ or $x + 2 = 0$

$x = -3$ or $x = -2$

14. **(5)** The largest ball that can fit in the box can have a diameter of no more than the smallest dimension of the box, which is 8 cm. If the diameter is 8 centimeters, then the radius is 4 cm.

11. El punto medio de un segmento tiene una coordenada x que puede obtenerse calculando el promedio (media o valor medio) de las coordenadas x de los orígenes; su coordenada y también puede calcularse mediante el promedio (media o valor medio) de las coordenadas y de los orígenes. Entonces, la coordenada x del punto medio es el promedio de −1 y 3, que es igual a 1 positivo. La coordenada y del punto medio es el promedio de −2 y 4, que también es 1 positivo. Por lo tanto, el punto medio es (1,1), que debe codificar en la hoja de respuestas tal como se indica a continuación:

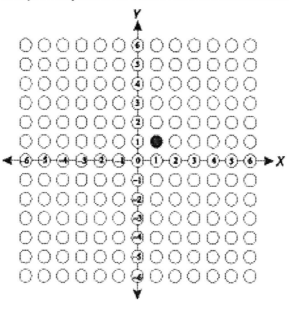

12. **(2)** $d = vt$

$1500 = 60t$

$t = 25$ horas

13. **(1)** $x^2 + 5x + 6 = 0$

$(x + 3)(x + 2) = 0$

$x + 3 = 0$ or $x + 2 = 0$

$x = -3$ or $x = -2$

14. **(5)** La pelota más grande que puede caber en la caja no puede tener un diámetro mayor que la menor dimensión de la caja, que es 8 cm. Si el diámetro es 8 centímetros, el radio es 4 cm.

15. $67\frac{3}{4} - 63\frac{5}{8} = 67\frac{6}{8} - 63\frac{5}{8} = 4\frac{1}{8} = 4.125$. Therefore, the number 4.125 must be coded on the answer sheet

as shown below:

4	.	1	2	5
	/	/	/	
•	●	•	•	•
0	0	0	0	0
1	1	●	1	1
2	2	2	●	2
3	3	3	3	3
●	4	4	4	4
5	5	5	5	●
6	6	6	6	6
7	7	7	7	7
8	8	8	8	8
9	9	9	9	9

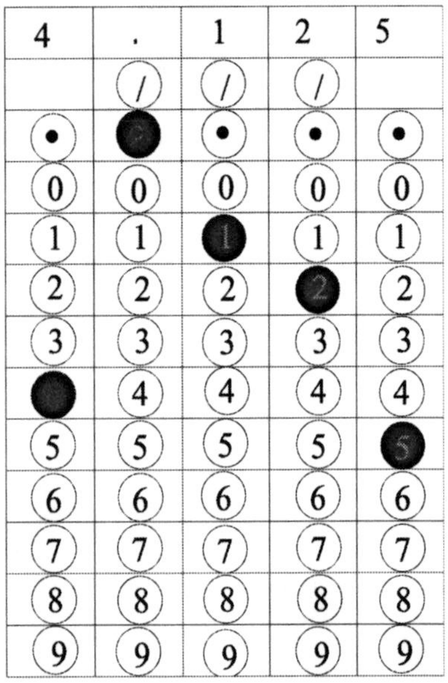

16. The median mileage is simply the mileage in the middle when the 5 mileages are written in numerical order. This number is 24.3. Therefore, 24.3 must be coded on the answer sheet as shown below:

2	4	.	3	
	/	/	/	
•	•	●	•	•
0	0	0	0	0
1	1	1	1	1
●	2	2	2	2
3	3	3	●	3
4	●	4	4	4
5	5	5	5	5
6	6	6	6	6
7	7	7	7	7
8	8	8	8	8
9	9	9	9	9

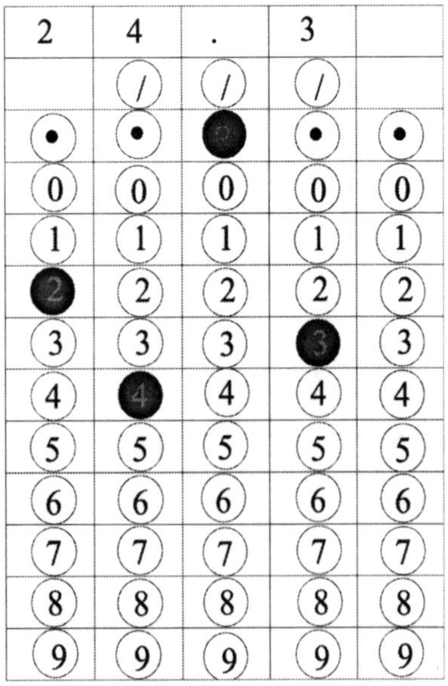

17. **(1)** $\frac{58}{8} = 7.25$ meters

Parte tres: Pruebas de práctica
Prueba de Práctica de Matemáticas I para el GED
697

15. $67 \frac{3}{4} - 63 \frac{5}{8} = 67 \frac{6}{8} - 63 \frac{5}{8} = 4 \frac{1}{8} = 4.125$. Por lo tanto, debe codificar el número 4.125 en la hoja de respuestas, tal como se muestra a continuación:

4	.	1	2	5
	/	/	/	
•	●	•	•	•
0	0	0	0	0
1	1	●	1	1
2	2	2	●	2
3	3	3	3	3
●	4	4	4	4
5	5	5	5	●
6	6	6	6	6
7	7	7	7	7
8	8	8	8	8
9	9	9	9	9

16. La mediana del consumo es simplemente el valor que queda en el medio luego de escribir los 5 consumos ordenados numéricamente, lo que da como resultado 24.3. Por lo tanto debe codificar 24.3 en la hoja de respuestas, tal como se muestra a continuación:

2	4	.	3	
	/	/	/	
•	•	●	•	•
0	0	0	0	0
1	1	1	1	1
●	2	2	2	2
3	3	3	●	3
4	●	4	4	4
5	5	5	5	5
6	6	6	6	6
7	7	7	7	7
8	8	8	8	8
9	9	9	9	9

17. **(1)** $\frac{58}{8} = 7.25$ metros

18. **(1)** Let t = time at 40 mph

Then $10 - t$ = time at 60 mph

$$d = rt$$
$$530 = 40t + 60(10 - t)$$
$$530 = 40t + 600 - 60t$$
$$20t = 70$$
$$t = 3\frac{1}{2} \text{ hours}$$

19. **(4)** If Mr. Scalici's office were a 9' × 7' rectangle, its area would be 63 square feet. However, a 2' × 3' = 6 square foot rectangle has been "cut out of" his floor space, leaving him with an office space of 57 square feet. Since each carton contains 12 square feet of tiles, he would need 5 cartons (which would contain 60 square feet) to tile his office.

20. **(5)** $\dfrac{2}{3} \times \$4.80 = \$3.20$

21. **(3)** If B represents the number of boys, then the number of girls would be represented by B + 17. Since the number of girls plus the number of boys added together totals up to 155, it must be true that B + (B + 17) = 155.

22. **(2)** The formula for the area of a triangle is $\dfrac{1}{2}$ bh. In the triangle pictured, the base is 20, and the height is 28, so the area would be $\dfrac{1}{2}(20)(28) = 280$ square meters.

23. **(5)** If N represents the number of nickels, then the number of dimes must be 305 – N. Each nickel is worth $0.05, so the total value of the nickels in the machine is .05N. Similarly, the total value of the dimes in the machine is .10(305 – N). The value of the nickels plus the value of the dimes added together is $21, so .10(305 – N) + .05N = 21.

24. **(4)** 15% of the public schools had CD-ROMS in 1998-1999. At the same time, 25% had modems.

25. **(5)** 50% of the schools used cable TV in 1997–1998. Since there are 1,500 schools, this represents 750 schools. At the same time, 20% of the schools, or 300 schools used modems. Therefore, 750 – 300 = 450 more schools used cable TV than used modems.

18. **(1)** Sea t = tiempo a 40 mph

    Entonces, $10 - t$ = tiempo a 60 mph

    $$d = vt$$
    $$530 = 40t + 60(10 - t)$$
    $$530 = 40t + 600 - 60t$$
    $$20t = 70$$
    $$t = 3\frac{1}{2} \text{ horas}$$

19. **(4)** Si la oficina del Sr. Scalici fuera un rectángulo de 9 pies × 7 pies, tendría un área de 63 pies cuadrados. Sin embargo, se ha cortado en el piso un rectángulo de 2 pies × 3 pies = 6 pies cuadrados, lo que deja una oficina de 57 pies cuadrados. Dado que cada caja contiene 12 pies cuadrados de baldosas, necesitará 5 cajas (que contendrán 60 pies cuadrados) para cubrir su oficina.

20. **(5)** $\frac{2}{3} \times \$4.80 = \$3.20$

21. **(3)** Si V representa el número de varones, el número de mujeres se representaría como V + 17. Dado que el número de mujeres más el número de varones es 155, podemos decir que V + (V + 17) = 155.

22. **(2)** La fórmula del área de un triángulo es $\frac{1}{2}$ bh. En el triángulo de la figura, la base mide 20 y la altura 28, por lo que el área será $\frac{1}{2}(20)(28) = 280$ metros cuadrados.

23. **(5)** Si C representa el número de monedas de 5 centavos, el número de monedas de 10 centavos es 305 – C. El dinero en monedas de 5 centavos en la máquina es 0.05 C. De manera similar, el dinero en monedas de 10 centavos en la máquina es .10(305 – C). El total de dinero en monedas de 5 centavos y de 10 centavos es \$21, por lo que .10(305 – C) + .05C = 21.

24. **(4)** En 1998-1999, el 15% de las escuelas públicas tenían unidades de CD-ROM. En la misma época, el 25% tenían módems.

25. **(5)** En 1997-1998, el 50% de la escuelas usaban TV por cable. Dado que hay 1,500 escuelas, el 50% representa 750 escuelas. Simultáneamente, el 20% de las escuelas (300 escuelas) usaban módem. Por lo tanto, 750 – 300 = 450 escuelas más tenían TV por cable que módem.

ANSWER SHEET: GED MATHEMATICS TEST II, BOOKLET 1

Directions: Use the answer sheet to record your answers. **Please note that the alternate format grids are positioned below the multiple-choice ovals.**

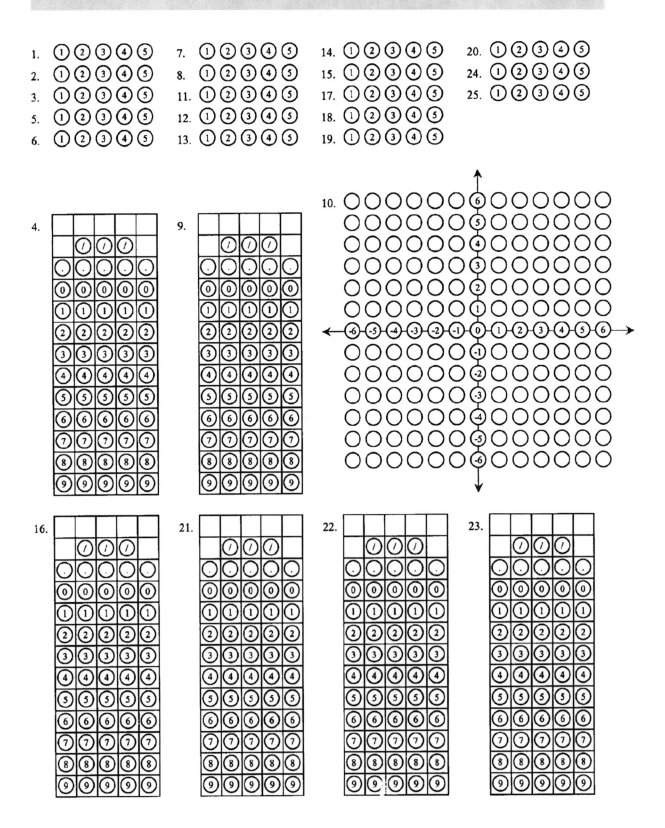

HOJA DE RESPUESTAS: PRUEBA DE MATEMÁTICAS II DEL GED, CUADERNILLO 1

Instrucciones: Utilice la hoja de respuestas para registrar sus respuestas. **Tenga en cuenta que las grillas de formato alternativo se incluyen a continuación de los óvalos de opciones múltiples.**

1. ① ② ③ ④ ⑤   7. ① ② ③ ④ ⑤   14. ① ② ③ ④ ⑤   20. ① ② ③ ④ ⑤
2. ① ② ③ ④ ⑤   8. ① ② ③ ④ ⑤   15. ① ② ③ ④ ⑤   24. ① ② ③ ④ ⑤
3. ① ② ③ ④ ⑤   11. ① ② ③ ④ ⑤   17. ① ② ③ ④ ⑤   25. ① ② ③ ④ ⑤
5. ① ② ③ ④ ⑤   12. ① ② ③ ④ ⑤   18. ① ② ③ ④ ⑤
6. ① ② ③ ④ ⑤   13. ① ② ③ ④ ⑤   19. ① ② ③ ④ ⑤

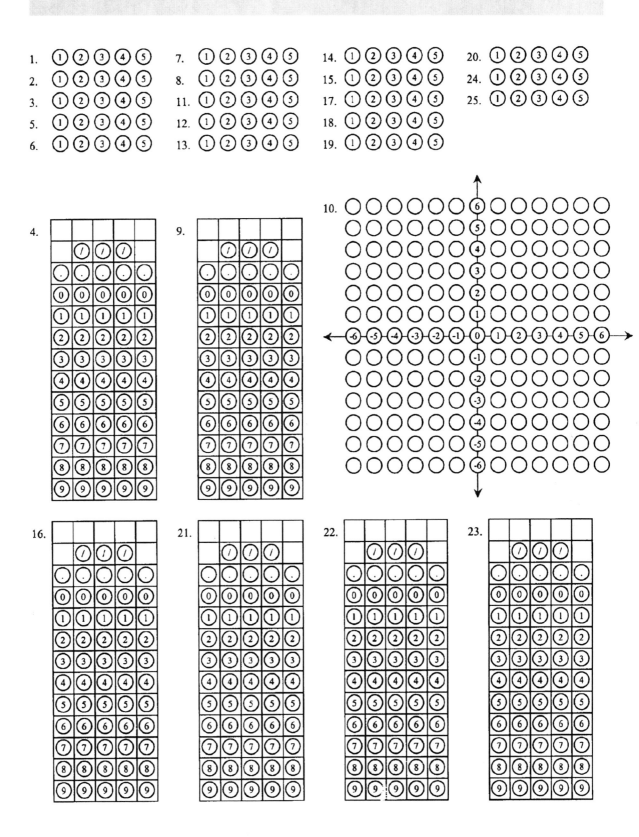

ANSWER SHEET: GED MATHEMATICS TEST II, BOOKLET 2

Directions: Use the answer sheet to record your answers. **Please note that the alternate format grids are positioned below the multiple-choice ovals.**

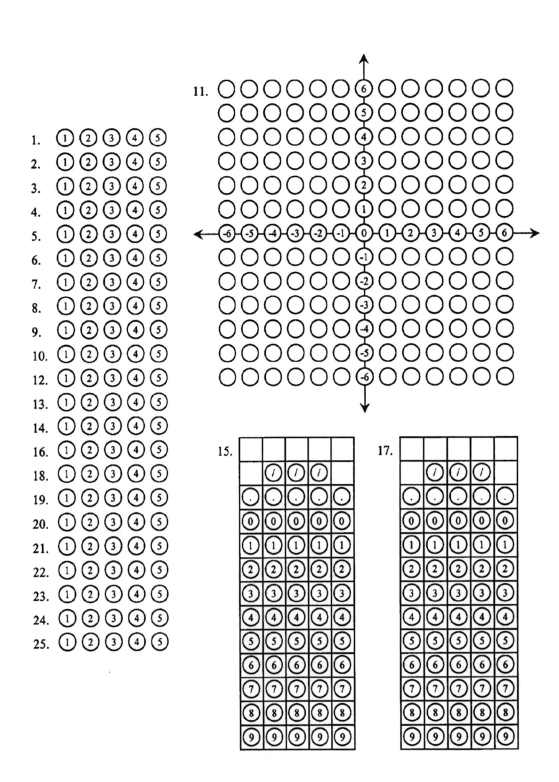

1. ① ② ③ ④ ⑤
2. ① ② ③ ④ ⑤
3. ① ② ③ ④ ⑤
4. ① ② ③ ④ ⑤
5. ① ② ③ ④ ⑤
6. ① ② ③ ④ ⑤
7. ① ② ③ ④ ⑤
8. ① ② ③ ④ ⑤
9. ① ② ③ ④ ⑤
10. ① ② ③ ④ ⑤
12. ① ② ③ ④ ⑤
13. ① ② ③ ④ ⑤
14. ① ② ③ ④ ⑤
16. ① ② ③ ④ ⑤
18. ① ② ③ ④ ⑤
19. ① ② ③ ④ ⑤
20. ① ② ③ ④ ⑤
21. ① ② ③ ④ ⑤
22. ① ② ③ ④ ⑤
23. ① ② ③ ④ ⑤
24. ① ② ③ ④ ⑤
25. ① ② ③ ④ ⑤

HOJA DE RESPUESTAS: PRUEBA DE MATEMÁTICAS II DEL GED, CUADERNILLO 2

Instrucciones: Utilice la hoja de respuestas para registrar sus respuestas. **Tenga en cuenta que las grillas de formato alternativo se incluyen a continuación de los óvalos de opciones múltiples.**

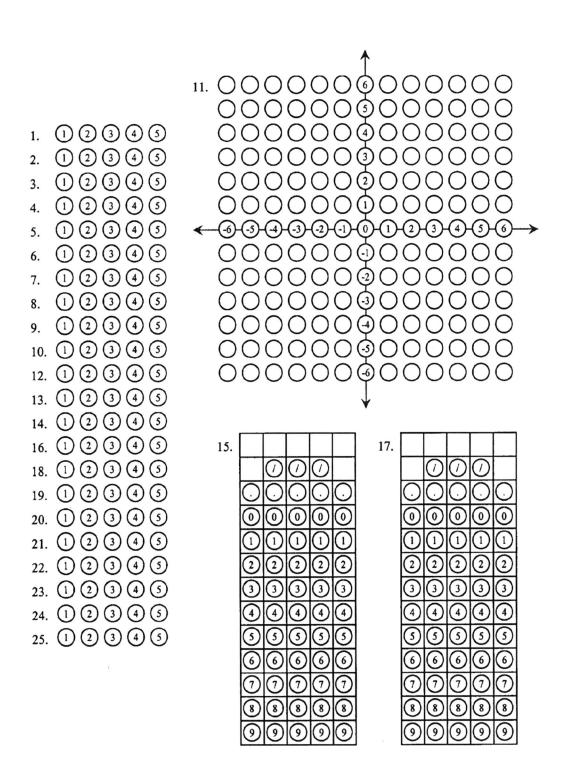

1. ① ② ③ ④ ⑤
2. ① ② ③ ④ ⑤
3. ① ② ③ ④ ⑤
4. ① ② ③ ④ ⑤
5. ① ② ③ ④ ⑤
6. ① ② ③ ④ ⑤
7. ① ② ③ ④ ⑤
8. ① ② ③ ④ ⑤
9. ① ② ③ ④ ⑤
10. ① ② ③ ④ ⑤
12. ① ② ③ ④ ⑤
13. ① ② ③ ④ ⑤
14. ① ② ③ ④ ⑤
16. ① ② ③ ④ ⑤
18. ① ② ③ ④ ⑤
19. ① ② ③ ④ ⑤
20. ① ② ③ ④ ⑤
21. ① ② ③ ④ ⑤
22. ① ② ③ ④ ⑤
23. ① ② ③ ④ ⑤
24. ① ② ③ ④ ⑤
25. ① ② ③ ④ ⑤

CHAPTER 10

Sample GED Mathematics Test II

BOOKLET ONE: MATHEMATICAL UNDERSTANDING AND APPLICATION

25 Questions – 45 Minutes – Calculator Permitted

1. A plumber completed five jobs yesterday. On the first job she earned $36.45, the second $52.80, the third $42.81, the fourth $49.54, and the fifth $48.90. What was the average amount she earned for each job?

   (1) $38.50

   (2) $39.75

   (3) $40.80

   (4) $42.50

   (5) $46.10

2. Ed bought his gasoline at a station which recently converted its pumps to measuring gasoline in liters. If his tank took 34.0 liters, approximately how many gallons did it take? One gallon is equal to 3.785 liters.

   (1) 8

   (2) 9

   (3) 9.25

   (4) 10

   (5) 11.5

Prueba de Práctica de Matemáticas II para el GED

CUADERNILLO UNO: COMPRENSIÓN Y APLICACIÓN DE LA MATEMÁTICA

25 preguntas – 45 minutos – Se permite el uso de la calculadora

1. Un plomero realizó ayer cinco trabajos distintos. Con el primer trabajo ganó $36.45, con el segundo $52.80, con el tercero $42.81, con el cuarto $49.54 y con el quinto $48.90. ¿Cuál es el ingreso medio por trabajo?

    (1) $38.50

    (2) $39.75

    (3) $40.80

    (4) $42.50

    (5) $46.10

2. Eduardo compró combustible para su automóvil en una gasolinera que recientemente había convertido sus bombas para medir volumen en litros. Si cargó en su tanque 34.0 litros, aproximadamente, ¿cuántos galones representan? Un galón es igual a 3.785 litros.

    (1) 8

    (2) 9

    (3) 9.25

    (4) 10

    (5) 11.5

3. Using $\frac{22}{7}$ as an approximation for π, find the circumference of the circle shown below.

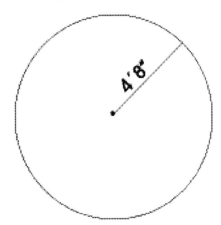

    (1)   14'10"

    (2)   340"

    (3)   176"

    (4)   29'4"

    (5)   21'2"

4. Jonathan drove his 66-year-old grandmother and 9-year old little brother to the movie theater on Saturday afternoon. He treated all three of them to the matinee. The prices read as follows: Adults $3.50, Children Under 12 $1.50, Senior Citizens 20% discount. How much change did Jonathan receive from his $10.00 bill?

    Mark your answer in the circles in the grid on your answer sheet.

5. Brian got grades of 92, 89, and 86 on his first three math tests. What grade must he get on his final test to have an overall average of 90?

    (1)   89

    (2)   90

    (3)   92

    (4)   93

    (5)   94

Parte tres: Pruebas de práctica
Prueba de Práctica de Matemáticas II para el GED
707

3. Determinar la circunferencia del círculo ilustrado a continuación, empleando como aproximación $\pi = \dfrac{22}{7}$.

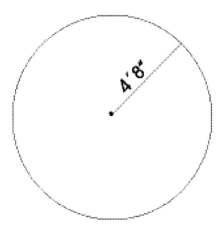

    (1)   14'10"

    (2)   340"

    (3)   176"

    (4)   29'4"

    (5)   21'2"

4. El sábado por la tarde, Gonzalo llevó en automóvil a su abuela de 66 años y a su hermanito de 9 años a la primera función de un cine. La lista de precios para las entradas era la siguiente: Adultos, $3.50; Niños menores de 12, $1.50; Tercera edad, 20% de descuento. ¿Cuál fue el vuelto que recibió Gonzalo al pagar con un billete de $10.00?

Marque su respuesta en los círculos de la grilla de su hoja de respuestas.

5. Romualdo recibió las siguientes calificaciones en sus tres primeras pruebas de matemática: 92, 89 y 86. ¿Qué calificación debe obtener en su prueba final para lograr un promedio general de 90?

    (1)   89

    (2)   90

    (3)   92

    (4)   93

    (5)   94

6.

Women as a Percentage
of the Labor Force

Between which 10 years does the chart show the greatest percent of increase of women in the labor force?

(1)   1950 - 1960

(2)   1960 - 1970

(3)   1970 - 1980

(4)   1980 - 1990

(5)   1990 – 2000

7.   Amanda buys a package of bacon for $1.98, a dozen eggs for $1.29, paper plates for $1.25, and napkins for $.75. There is a 5% sales tax on non-food items. How much change did Amanda receive from a $10.00 bill?

Mark your answer in the circles in the grid on your answer sheet.

8.   In 1990, the average salary of a New Jersey teacher was $30,588. Ten years later, teachers in New Jersey were averaging $61,008. Find the nearest whole percentage of increase in salary from 1990 to 2000.

(1)   50%

(2)   100%

(3)   99%

(4)   86%

(5)   75%

6.

Porcentaje de mujeres en el mercado laboral

¿Entre qué décadas muestra el gráfico el mayor incremento porcentual de mujeres en el mercado laboral?

(1) 1950 - 1960

(2) 1960 - 1970

(3) 1970 - 1980

(4) 1980 - 1990

(5) 1990 – 2000

7. Amanda compró un paquete de tocino por $1.98, una docena de huevos por $1.29, platos de papel por $1.25 y servilletas por $.75, y pagó un impuesto a las ventas del 5% sobre los artículos no alimentarios, ¿cuál es el vuelto que Amanda recibió si pagó con un billete de $10.00?

Marque su respuesta en los círculos de la grilla de su hoja de respuestas.

8. En 1990, el salario medio de las maestras de Nueva Jersey era $30,588 al año. Diez años más tarde, promediaba $61,008. Calcule el incremento porcentual más cercano del salario entre 1990 y 2000.

(1) 50%

(2) 100%

(3) 99%

(4) 86%

(5) 75%

9.   At the ballpark, 23,000 customers consumed 630 pounds of hot dogs. At that rate of consumption, how many pounds of hot dogs would be needed for a crowd of 57,500.

   (1)   1175

   (2)   1225

   (3)   1575

   (4)   1625

   (5)   1875

10.   On the coordinate plane on your answer sheet, mark the center of the circle $(x - 2)^2 + (y + 3)^2 = 9$.

11.   Henry's VW Rabbit Diesel gets 50 mpg. Diesel fuel costs an average of $1.10 per gallon. This summer, Henry and his family drove 1200 miles to Niagara Falls for vacation. How much did Henry pay for fuel?

   (1) $26.40

   (2) $52.80

   (3) $105.60

   (4) $132.20

   (5) $264.00

12.   What is the area of the circular ring formed by two concentric circles of radii 6 and 8 inches, as shown in the diagram below?

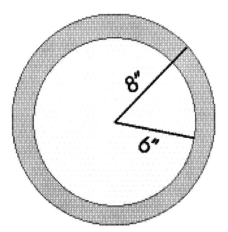

   (1) 2π

   (2) 4π

   (3) 14π

   (4) 28π

   (5) 56π

9. En el estadio, 23,000 asistentes consumieron 630 libras de salchichas. Considerando esa tasa de consumo, calcular la cantidad de libras de salchichas necesarias para una multitud de 57,500 personas.

   (1) 1175

   (2) 1225

   (3) 1575

   (4) 1625

   (5) 1875

10. En el plano de coordenadas de su hoja de respuestas, marque el centro del círculo $(x - 2)^2 + (y + 3)^2 = 9$.

11. El automóvil diésel de Enrique recorre 50 millas con cada galón de combustible (50 mpg). El combustible diésel cuesta en promedio $1.10 por galón. Este verano, Enrique y su familia viajaron 1200 millas para pasar sus vacaciones en las cataratas del Niágara. ¿Cuánto gastó Enrique en combustible?

   (1) $26.40

   (2) $52.80

   (3) $105.60

   (4) $132.20

   (5) $264.00

12. ¿Cuál es el área del anillo circular formado por dos círculos concéntricos con radios de 6 y 8 pulgadas, respectivamente, tal como se muestra en el siguiente diagrama?

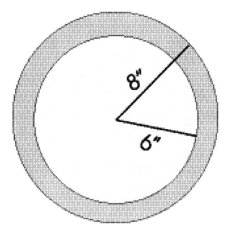

   (1) 2π

   (2) 4π

   (3) 14π

   (4) 28π

   (5) 56π

Questions 13-15 refer to the following graphs:

13. Approximately how much money did the United Kingdom spend on the purchase of U.S. exports in 1999?

  (1) $2.9 billion

  (2) $3.1 billion

  (3) $29 billion

  (4) $31 billion

  (5) $33 billion

14. How much more did Germany spend on U.S. exports than Taiwan in 2000?

  (1) $23 billion

  (2) $17.25 billion

  (3) $5.75 billion

  (4) $2.3 billion

  (5) $575,000,000

15. How many countries spent more than $25 billion for U.S. exports in 2000?

  (1) 2

  (2) 3

  (3) 4

  (4) 6

  (5) 8

Parte tres: Pruebas de práctica
Prueba de Práctica de Matemáticas II para el GED
713

Las preguntas 13 a 15 se refieren al gráfico siguiente:

Los mayores compradores de productos de exportación de los Estados Unidos

1999
Exportaciones totales de
los Estados Unidos: $510,000 millones

2000
Exportaciones totales de
los Estados Unidos: $575,000 millones

13. ¿Cuál fue el monto que gastó, aproximadamente, el Reino Unido en la compra de productos de los Estados Unidos en 1999?

    (1) $2,900 millones

    (2) $3,100 millones

    (3) $29,000 millones

    (4) $31,000 millones

    (5) $33,000 millones

14. ¿Cuánto más gastó Alemania que Taiwán en productos de los Estados Unidos en el año 2000?

    (1) $23,000 millones

    (2) $17,250 millones

    (3) $5,750 millones

    (4) $2,300 millones

    (5) $575,000,000

15. En el año 2000, ¿cuántos países gastaron más de 25,000 millones en productos de los Estados Unidos?

    (1)   2

    (2)   3

    (3)   4

    (4)   6

    (5)   8

16. Tom and Johnny leave the house at 6 AM to go camping. Colin decides to go with them, but to his dismay, when he reaches Tom's house, he learns that he and Johnny had left an hour ago. If Colin drives 65 mph, how many hours will it take him to overtake his friends who are traveling at 45 mph?

Mark your answer in the circles in the grid on your answer sheet.

17. The sailfish is built for speed and can swim through the water at speeds of 68 mph. Approximately how many kilometers can it travel in an hour? 1 kilometer = .62 miles.

   (1)   42 km/hr
   (2)   68 km/hr
   (3)   96 km/hr
   (4)   109 km/hr
   (5)   110 km/hr

18. On a map, 1 inch represents three miles. How many inches are needed to represent a road that is actually 171 miles long?

   (1)   513 inches
   (2)   3 inches
   (3)   121 inches
   (4)   57 inches
   (5)   17 inches

19. A square is inscribed in a circle whose diameter is 10 inches, as shown in the diagram below. Find the difference between the area of the circle and that of the square.

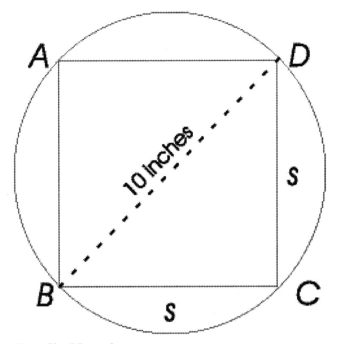

   (1)   50 - 25π sq. in.
   (2)   25π - 50 sq. in.
   (3)   100 - 25π sq. in.
   (4)   25π - 100 sq. in
   (5)   50 – 100π sq. in.

16. Tomás y Juanito salieron de su casa a las 6 AM para ir de campamento. Carlos decidió ir con ellos, pero para su decepción, cuando llegó a la casa de Tomás se encontró con que había salido con Juanito una hora antes. Si Carlos maneja su automóvil a 65 mph, ¿cuántas horas le tomará alcanzar a sus amigos que viajan a 45 mph?

    Marque su respuesta en los círculos de la grilla de su hoja de respuestas.

17. El pez vela, un veloz depredador, puede nadar a velocidades de 68 mph. ¿Cuántos kilómetros, aproximadamente, puede viajar en una hora? Considere que 1 kilómetro = .62 millas.

    (1)   42 km/h

    (2)   68 km/h

    (3)   96 km/h

    (4)   109 km/h

    (5)   110 km/h

18. En un mapa, 1 pulgada representa tres millas. ¿Cuántas pulgadas se necesitarán para representar una carretera de 171 millas de longitud?

    (1)   513 pulgadas

    (2)   3 pulgadas

    (3)   121 pulgadas

    (4)   57 pulgadas

    (5)   17 pulgadas

19. Un cuadrado está inscrito en un círculo de 10 pulgadas de diámetro, tal como se muestra en el diagrama siguiente. Calcular la diferencia entre las áreas del círculo y del cuadrado.

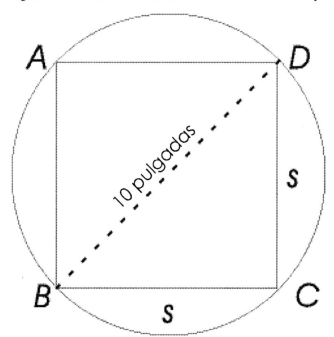

    (1)   50 - 25π pulg. cuadradas

    (2)   25π - 50 pulg. cuadradas

    (3)   100 - 25π pulg. cuadradas

    (4)   25π - 100 pulg. cuadradas

    (5)   50 – 100π pulg. cuadradas

20. A discount toy store general takes $\frac{1}{5}$ off the list price of their merchandise. During the holiday season, an additional 15% is taken off the list price. Mrs. Johnson bought a sled listed at $62.00 for Joey and a doll house listed at $54.00 for Jill. To the nearest penny, how much did Mrs. Johnson pay?

    (1) $75.40

    (2) $78.88

    (3) $82.64

    (4) $92.80

    (5) $112.52

21. A woman bought $4\frac{1}{2}$ yards of ribbon to decorate curtains. If she cut the ribbon into 8 equal pieces, how long was each piece?

Mark your answer in the circles in the grid on your answer sheet.

22. In right triangle DEF below, what is the value of tan D?

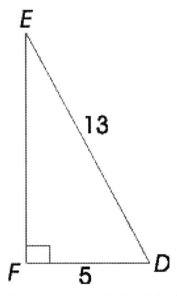

Mark your answer in the circles in the grid on your answer sheet.

23. Find the slope of the line containing the points (4, 5) and (6, 12).

Mark your answer in the circles in the grid on your answer sheet.

24. A lawn mower is on sale for $111.20. That represents a discount of 20% from its normal price. What is the lawn mower's normal price?

    (1) $22.24

    (2) $133.44

    (3) $139.00

    (4) $200.16

    (5) $224.00

Parte tres: Pruebas de práctica
Prueba de Práctica de Matemáticas II para el GED
717

20. Una tienda vende juguetes a precio rebajado y hace habitualmente un descuento de $\frac{1}{5}$ sobre el precio de lista de la mercadería. En la temporada de las fiestas de fin de año, le agrega un descuento adicional del 15% sobre el precio de lista. La señora Juárez compró un trineo con un precio de lista de $62.00 para Josecito y una muñeca con un precio de lista de $54.00 para Juanita. Redondeando al centavo más cercano, ¿cuánto pagó la señora Juárez?

    (1) $75.40

    (2) $78.88

    (3) $82.64

    (4) $92.80

    (5) $112.52

21. Una señora compró $4\frac{1}{2}$ yardas de cinta para decorar cortinas. Si corta la cinta en 8 piezas iguales, ¿cuál será la longitud de cada pieza?

    Marque su respuesta en los círculos de la grilla de su hoja de respuestas.

22. En el triángulo rectángulo DEF ilustrado a continuación, ¿cuál es el valor de tan D?

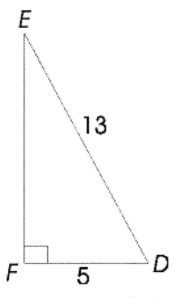

    Marque su respuesta en los círculos de la grilla de su hoja de respuestas.

23. Calcular la pendiente de la recta que contiene los puntos (4,5) y (6,12).

    Marque su respuesta en los círculos de la grilla de su hoja de respuestas.

24. Una cortadora de césped está en liquidación a $111.20. Esto representa un descuento del 20% sobre su precio original. ¿Cuál es el precio normal de la cortadora?

    (1) $22.24

    (2) $133.44

    (3) $139.00

    (4) $200.16

    (5) $224.00

25. Two ships leave the same harbor at the same time and travel in opposite directions, one at 30 km/hr and the other at 50 km/hr. After how many hours will they be 360 kilometers apart?

    (1) $2\frac{1}{2}$

    (2) $3\frac{1}{2}$

    (3) $4\frac{1}{2}$

    (4) $5\frac{1}{2}$

    (5) $6\frac{1}{2}$

25. Dos barcos salen del mismo puerto en el mismo momento y viajan en direcciones opuestas, uno a 30 km/h y el otro a 50 km/h. ¿Cuántas horas les tomará alejarse 360 kilómetros?

(1) $2\frac{1}{2}$

(2) $3\frac{1}{2}$

(3) $4\frac{1}{2}$

(4) $5\frac{1}{2}$

(5) $6\frac{1}{2}$

Booklet Two: Estimation and Mental Math

25 Questions – 45 Minutes – Calculator *Not* Permitted

1. Antoinette told Alice that her street was exactly 6.4 miles from the railroad trestle. At the trestle, Alice noticed that her odometer read 5488.9 miles. What will her odometer read once she has reached Antoinette's street?

    (1) 5494.13

    (2) 5494.3

    (3) 5495.3

    (4) 5495.4

    (5) 5495.14

2. A coat that lists for $240 is on sale for $180. By what percent had the coat been discounted?

    (1) 40%

    (2) 35%

    (3) 30%

    (4) 25%

    (5) 20%

3. Which of the following expressions is equivalent to 82(9) + 82(12)?

    (1) (82 + 9) + (82 + 12)

    (2) 82(9 + 12)

    (3) (82 + 9)(82 + 12)

    (4) 82(108)

    (5) 82(9) + 9(12)

4. Mr. Tretola owns the rectangular table whose top is pictured below. He would like to purchase a table cloth which overlaps each of the four sides by 12 inches. What will the perimeter of his new table cloth be?

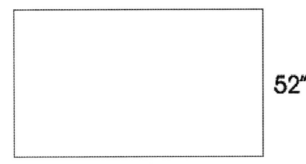

52"

70"

    (1) 244 inches

    (2) 170 inches

    (3) 340 inches

    (4) 268 inches

    (5) 292 inches

Cuadernillo dos: ESTIMACIÓN Y CÁLCULOS MENTALES

25 preguntas – 45 minutos – No se permite el uso de la calculadora

1. Antonieta le dijo a Alicia que su calle estaba exactamente a 6.4 millas del cruce ferroviario. En este cruce, Alicia tomó nota que su odómetro marcaba 5488.9 millas. ¿Cuál será la lectura del odómetro cuando llegue a la calle donde vive Antonieta?

   (1)   5494.13
   (2)   5494.3
   (3)   5495.3
   (4)   5495.4
   (5)   5495.14

2. Un saco, con un precio de lista de $240, estaba rebajado a $180. ¿Cuál es el descuento, expresado en porcentaje?

   (1)   40%
   (2)   35%
   (3)   30%
   (4)   25%
   (5)   20%

3. ¿Cuál de las siguientes expresiones es equivalente a 82(9) + 82(12)?

   (1)   (82 + 9) + (82 + 12)
   (2)   82(9 + 12)
   (3)   (82 + 9)(82 + 12)
   (4)   82(108)
   (5)   82(9) + 9(12)

4. El Sr. Latela posee una mesa rectangular cuya parte superior se ilustra a continuación. Desea comprar un mantel de un tamaño tal que exceda en 12 pulgadas los cuatro lados de la mesa. ¿Cuál será el perímetro del mantel nuevo?

52"

70"

   (1)   244 pulgadas
   (2)   170 pulgadas
   (3)   340 pulgadas
   (4)   268 pulgadas
   (5)   292 pulgadas

Questions 5 and 6 are based on the rectangular solid shown below:

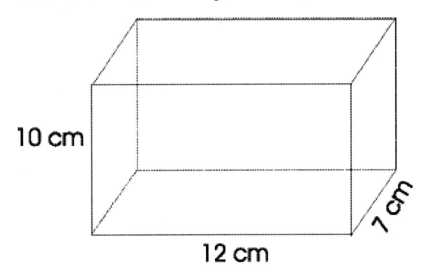

10 cm

12 cm

7 cm

5. What is the volume of the rectangular solid?
    (1) 840 cm^2
    (2) 84 cm^3
    (3) 840 cm^3
    (4) 8.4 m^3
    (5) 8.4 m^2

6. What is the surface area of the rectangular solid?
    (1) 274 cm^2
    (2) 274 cm^3
    (3) 548 cm^2
    (4) 548 cm^3
    (5) 840 cm^2

7. $x^2 - 9x - 22 = 0$. The value of x is
    (1) $^-2$ and 11
    (2) $^-2$ and $^-11$
    (3) 2 and $^-11$
    (4) 11 only
    (5) 2 only

8. Hans Dishpan can wash approximately 240 dishes in one hour's time. How many dishes would Hans average in 5 minutes?
    (1) 15
    (2) 20
    (3) 24
    (4) 40
    (5) 42

Parte tres: Pruebas de práctica
Prueba de Práctica de Matemáticas II para el GED
723

Las preguntas 5 y 6 se basan en el sólido rectangular ilustrado a continuación:

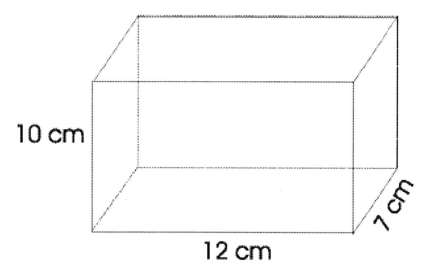

5. ¿Cuál es el volumen del sólido rectangular?
   (1) 840 cm^2
   (2) 84 cm^3
   (3) 840 cm^3
   (4) 8.4 m^3
   (5) 8.4 m^2

6. ¿Cuál es el área total de la caras del sólido rectangular?
   (1) 274 cm^2
   (2) 274 cm^3
   (3) 548 cm^2
   (4) 548 cm^3
   (5) 840 cm^2

7. Si $x^2 - 9x - 22 = 0$, el valor de x es
   (1) $^-2$ y 11
   (2) $^-2$ y $^-11$
   (3) 2 y $^-11$
   (4) 11 solamente
   (5) 2 solamente

8. Alberto Lamberto puede lavar unos 240 platos por hora. En promedio, ¿cuántos platos lava cada 5 minutos?
   (1) 15
   (2) 20
   (3) 24
   (4) 40
   (5) 42

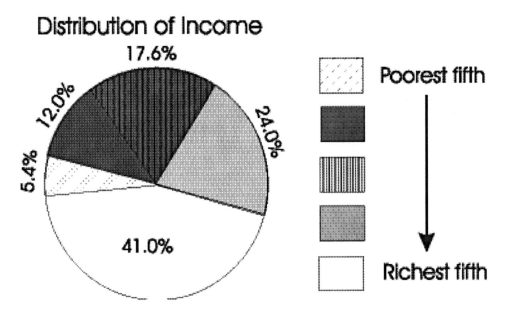

Distribution of Income

The following two questions refer to the graph above.

On the circle graph, the distribution of available income in the United States for a particular year is represented. The population has been divided into 5 equal parts, starting from the poorest fifth and ending with the richest.

9. What is the difference between the income available to the poorest $\frac{3}{5}$ of the population and that available to the richest $\frac{1}{5}$?

   (1)   11%

   (2)   6%

   (3)   18%

   (4)   12.9%

   (5)   5.6%

10. Which of the following ratios best illustrates the relationship in income distribution between the poorer $\frac{4}{5}$ of the population and the richest $\frac{1}{5}$?

   (1)   34:66

   (2)   41:59

   (3)   76:42

   (4)   6:4

   (5)   59:41

11. Consider the equation $y = 7x - 3$. On the grid on your answer page mark the y-intercept of this equation.

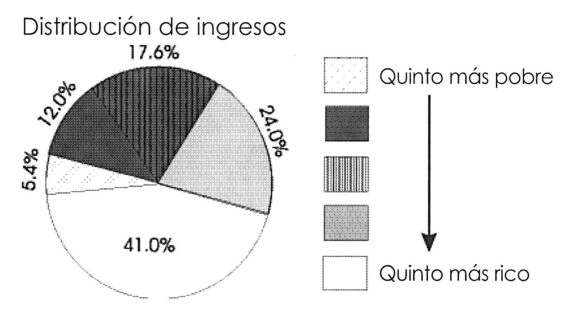

Distribución de ingresos

Las dos preguntas siguientes se refieren al gráfico anterior.

En el gráfico circular se representa la distribución de ingresos en los Estados Unidos para un año particular. Se dividió la población en cinco partes iguales, comenzando por el quinto más pobre y finalizando con el quinto más rico.

9. ¿Cuál es la diferencia entre los ingresos de los $\frac{3}{5}$ más pobres de la población y los recibidos por el $\frac{1}{5}$ más rico?

   (1) 11%

   (2) 6%

   (3) 18%

   (4) 12.9%

   (5) 5.6%

10. ¿Cuál de las siguientes relaciones ilustra mejor la distribución de ingresos entre los $\frac{4}{5}$ más pobres de la población y el $\frac{1}{5}$ más rico?

    (1) 34:66

    (2) 41:59

    (3) 76:42

    (4) 6:4

    (5) 59:41

11. Considere la ecuación $y = 7x - 3$. Marque en la grilla de su página de respuestas la ordenada al origen de esta ecuación.

12. Mrs. Cogswell went to the butcher store to purchase link sausages for herself and her neighbor. There were 57 sausages on the chain purchased. When Mrs. Cogswell split the sausage chain into two pieces, one piece had 3 fewer sausages than the other. The chain with the most sausages went to the neighbor. If S represents the number of sausages in Mrs. Cogswell's chain, which of the following equations could be solved to find the value of S?

    (1) $S + (S - 3) = 57$

    (2) $S - 57 = (S - 3)$

    (3) $S(S + 3) = 57$

    (4) $S + (S + 3) = 57$

    (5) $S(S - 3) = 57$

13. Christine earned $84 by working over the summer. The money was deposited in a bank at the beginning of an interest period at a simple yearly rate of 6%. If Christine left her money in the bank for 4 entire years, which of the following computations could be performed to determine how much money she would have in the account after 4 years?

    (1) $84(.06)^4$

    (2) $84(1.06)^4$

    (3) $84 (1.06)^5$

    (4) $84(.06)^5$

    (5) $84 + (1.06)^4$

14. One cubic foot of water weighs 62.4 pounds. A swimming pool holds $18\frac{1}{4}$ cubic feet of water. Which of the following computations could be performed to compute the number of pounds of water the pool can hold?

    (1) $\dfrac{18.25}{62.4}$

    (2) $62.4 \times (18\frac{1}{4})^3$

    (3) 18.25×62.4

    (4) $\dfrac{62.4}{3} \times \left(18\frac{1}{4}\right)$

    (5) $\dfrac{18.25 \times 62.4}{3}$

15. The snail can creep at speeds up to 0.03 mph, but the snail has also been observed to travel as slowly as 0.0036 mph. Find the difference between the snail's fastest and slowest speeds.

    Mark your answer in the circles in the grid on your answer sheet.

16. Mitch needs cord to section off his bean bushes from the rest of his garden. The bean section is 3 feet wide and half again as long. How much cord will he need?

    Mark your answer in the circles in the grid on your answer sheet.

12. La señora Chuleta compró en la carnicería una ristra de 57 salchichas para ella y su vecina. Cuando la Sra. Chuleta dividió la ristra en dos secciones, una sección tenía 3 salchichas menos que la otra. La sección con más salchichas fue para su vecina. Si S representa el número de salchichas en la sección de la Sra. Chuleta, ¿cuál de las siguientes ecuaciones debe ser resuelta para determinar el valor de S?

(1) $S + (S - 3) = 57$

(2) $S - 57 = (S - 3)$

(3) $S(S + 3) = 57$

(4) $S + (S + 3) = 57$

(5) $S(S - 3) = 57$

13. Cristina ganó $84 trabajando durante el verano. Depositó el dinero en un banco al comienzo de un plazo de intereses a una tasa de interés simple del 6% anual. Si deja su dinero en el banco exactamente durante 4 años, ¿cuál de los siguientes cómputos debe realizar para determinar cuánto dinero tendrá en su cuenta al cabo de esos 4 años?

(1) $84(.06)^4$

(2) $84(1.06)^4$

(3) $84 (1.06)^5$

(4) $84(.06)^5$

(5) $84 + (1.06)^4$

14. Un pie cúbico de agua pesa 62.4 libras. Una pileta de natación contiene $18\frac{1}{4}$ pies cúbicos de agua. ¿Cuál de los siguientes cómputos debe realizarse para calcular el peso en libras del agua que puede contener la pileta?

(1) $\dfrac{18.25}{62.4}$

(2) $62.4 \times (18\frac{1}{4})^3$

(3) 18.25×62.4

(4) $\dfrac{62.4}{3} \times \left(18\frac{1}{4}\right)$

(5) $\dfrac{18.25 \times 62.4}{3}$

15. Un caracol puede arrastrarse a una velocidad de hasta 0.03 mph, pero también se ha observado que se arrastra a velocidades tan bajas como 0.0036 mph. Calcular la diferencia entre la mayor velocidad y la menor velocidad de avance del caracol.

Marque su respuesta en los círculos de la grilla de su hoja de respuestas.

16. Miguel necesita cordel para separar su plantío de frijoles del resto de su jardín. El plantío mide 3 pies de ancho y su largo es una vez y media el ancho. ¿Qué longitud de cordel necesita?

Marque su respuesta en los círculos de la grilla de su hoja de respuestas.

Questions 17 to 21 refer to the following graph.

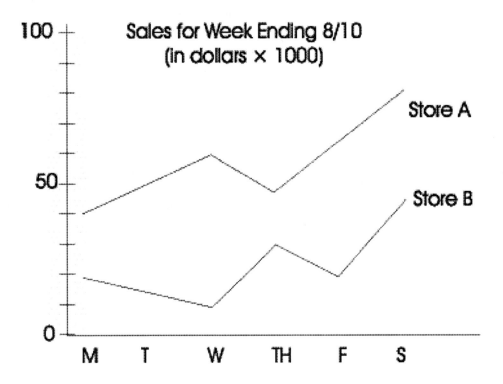

17. On which day was the gap between the two stores' sales greatest?

    (1) Tuesday

    (2) Wednesday

    (3) Thursday

    (4) Friday

    (5) Saturday

18. What was store B's largest sales volume for a single day?

    (1) $4,900

    (2) $8,000

    (3) $48,000

    (4) $45,000

    (5) Not enough information is given

19. Sales dipped for Store A between

    (1) Monday and Wednesday

    (2) Tuesday and Thursday

    (3) Wednesday and Thursday

    (4) Wednesday and Friday

    (5) Thursday and Saturday

Las preguntas 17 a 21 se refieren al gráfico siguiente:

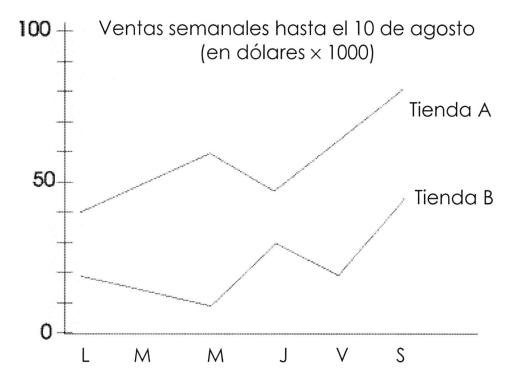

17. ¿En qué día la diferencia de ventas entre tiendas es mayor?

    (1) Martes

    (2) Miércoles

    (3) Jueves

    (4) Viernes

    (5) Sábado

18. ¿Cuál fue el monto máximo de ventas en un solo día de la tienda B?

    (1) $4,900

    (2) $8,000

    (3) $48,000

    (4) $45,000

    (5) No se proporciona información suficiente

19. Las ventas de la tienda A disminuyeron entre los días...

    (1) Lunes y Miércoles

    (2) Martes y Jueves

    (3) Miércoles y Jueves

    (4) Miércoles y Viernes

    (5) Jueves y Sábado

20. What is the difference between Store A's worst and best days?

    (1) $30,000

    (2) $35,000

    (3) $40,000

    (4) $45,000

    (5) $50,000

21. On which day did Store B draw the greatest number of shoppers?

    (1) Monday

    (2) Tuesday

    (3) Thursday

    (4) Saturday

    (5) Not enough information is given

22. There are 25 coins in your piggy bank totaling $3.85. If you only save dimes and quarters, which of the following equations could be solved to find the number of quarters, Q, in the piggy bank?

    (1) $10(25 - Q) + 25Q = 3.85$

    (2) $.10(25 - Q) + .25Q = 385$

    (3) $.10(Q + 25) + .25Q = 3.85$

    (4) $.10(25 - Q) + .25Q = 3.85$

    (5) $10(Q - 25) + .25Q = 3.85$

Parte tres: Pruebas de práctica
Prueba de Práctica de Matemáticas II para el GED
731

20. ¿Cuál es la diferencia entre el mejor y peor día de la tienda A?

    (1) $30,000

    (2) $35,000

    (3) $40,000

    (4) $45,000

    (5) $50,000

21. ¿En qué día la tienda B atrae el mayor número de compradores?

    (1) Lunes

    (2) Martes

    (3) Jueves

    (4) Sábado

    (5) No se proporciona información suficiente

22. En una alcancía hay 25 monedas que totalizan $3.85. Si sólo se guardan monedas de 10 y 25 centavos, ¿cuál de las siguientes ecuaciones debe ser resuelta para determinar el número de monedas de 25 centavos (V) guardadas en la alcancía?

    (1) $10(25 - V) + 25V = 3.85$

    (2) $.10(25 - V) + .25V = 385$

    (3) $.10(V + 25) + .25V = 3.85$

    (4) $.10(25 - V) + .25V = 3.85$

    (5) $10(V - 25) + .25V = 3.85$

Questions 23 and 24 are based on the graph shown below

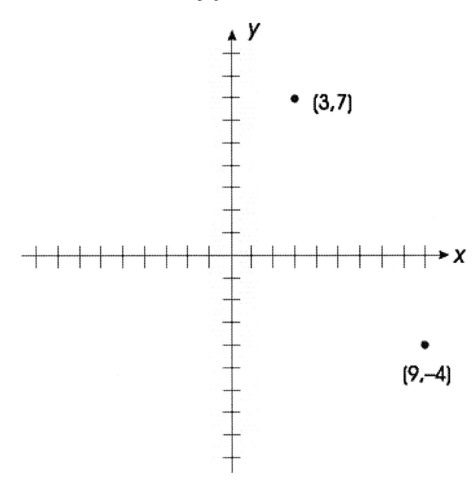

23.   How long is the line segment that connects the two points shown in the graph?

  (1) $4\sqrt{3}$
  (2) $\sqrt{119}$
  (3) $\sqrt{157}$
  (4) $3\sqrt{71}$
  (5) $\sqrt{179}$

24.   What is the midpoint of the line segment that connects the two points shown in the graph?

  (1) $(12, 3)$
  (2) $(6, 11)$
  (3) $(6, 1)$
  (4) $(6, 1\frac{1}{2})$
  (5) $(6\frac{1}{2}, 1\frac{1}{2})$

Las preguntas 23 y 24 se basan en el gráfico que se muestra a continuación:

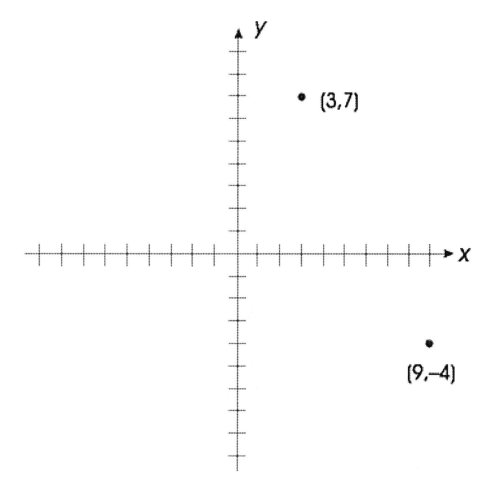

23.   ¿Cuál es la longitud del segmento de recta que une los dos puntos que se muestran en el gráfico?

(1) $4\sqrt{3}$

(2) $\sqrt{119}$

(3) $\sqrt{157}$

(4) $3\sqrt{71}$

(5) $\sqrt{179}$

24.   ¿Cuál es el punto medio del segmento de recta que une los dos puntos que se muestran en el gráfico?

(1) $(12, 3)$

(2) $(6, 11)$

(3) $(6, 1)$

(4) $(6, 1\frac{1}{2})$

(5) $(6\frac{1}{2}, 1\frac{1}{2})$

25. When 9 is added to a certain number, the result is the same as when twice the number is diminished by 6. If the number is represented by N, which of the following equations can be solved to determine the value of N?

    (1)   N + 9 = 2N - 6

    (2)   N + 9 = 2(6 – N)

    (3)   N + 9 = 6 – 2N

    (4)   N + 9 = 2(N – 6)

    (5)   N - 9 = 2(N + 6)

SOLUTIONS TO SAMPLE GED MATHEMATICS TEST II

Booklet One: Mathematical Understanding and Application

25 Questions – 45 Minutes – Calculator Permitted

1.   **(5)** To find the average, add all the values given, then divide by the number of values.

     $36.45

     $52.80

     $42.81

     $49.54

     <u>$48.90</u>

     $230.50 ÷ 5 = $46.10

2.   **(2)** Divide 34.0 by 3.785 to get 8.98, which is closest to 9 liters.

3.   **(4)** To begin, 4' 8" is equal to 4(12) + 8 = 56". The formula for the circumference of a circle is C = 2πr.

     Substituting r = 56" yields $C = 2\left(\dfrac{22}{7}\right)(56") = 352"$. This is equal to 29 feet, 4 inches.

Parte tres: Pruebas de práctica
Prueba de Práctica de Matemáticas II para el GED
735

25. Cuando se suma 9 a cierto número, el resultado es el mismo que cuando el doble del número es reducido en 6. Si el número se representa con N, ¿cuál de las siguientes ecuaciones debe ser resuelta para determinar el valor de N?

    (1) $N + 9 = 2N - 6$

    (2) $N + 9 = 2(6 - N)$

    (3) $N + 9 = 6 - 2N$

    (4) $N + 9 = 2(N - 6)$

    (5) $N - 9 = 2(N + 6)$

SOLUCIONES DE LA PRUEBA DE PRÁCTICA DE MATEMÁTICAS II PARA EL GED

Cuadernillo uno: Comprensión y aplicación de la matemática

25 preguntas – 45 minutos – Se permite el uso de la calculadora

1. **(5)** Para calcular el promedio, debemos sumar todas las cantidades proporcionadas y luego dividir el total por el número de cantidades.

    $36.45

    $52.80

    $42.81

    $49.54

    $48.90

    $230.50 ÷ 5 = $46.10

2. **(2)** Divida 34.0 por 3.785 para obtener 8.98, un valor cercano a 9 litros.

3. **(4)** Por empezar, 4'8" es igual a $4(12) + 8 = 56$". La fórmula para determinar la circunferencia de un círculo es $C = 2\pi r$. Reemplazando r = 56" obtenemos $C = 2\left(\dfrac{22}{7}\right)(56") = 352"$. Esto es igual a 29 pies, 4 pulgadas.

4. If Jonathan drove, he must be an adult, so he paid $3.50 for his ticket, and $1.50 for his brother's. His grandmother's ticket cost 80% of $3.50 = .8 × 3.50 = $2.80. Add the three ticket prices together and get $7.80. Jonathan got $2.20 in change. Therefore, the number $2.20 must be coded on your answer sheet, as shown below.

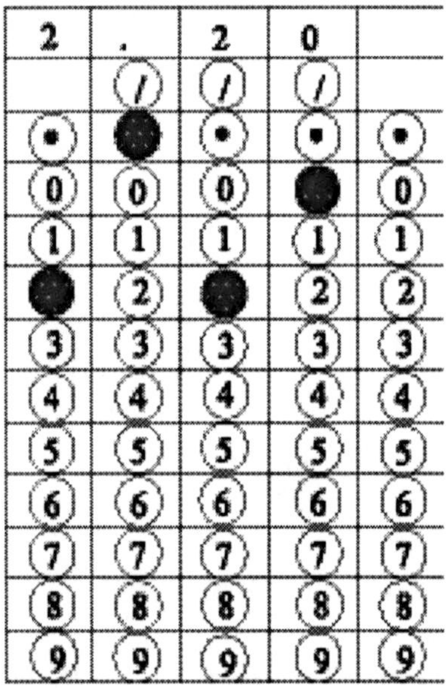

5. (4) Let x represent the score that Brian must get on his last test. Then, $\dfrac{92 + 89 + 86 + x}{4} = 90$. Multiplying both sides by 4,

> $92 + 89 + 86 + x = 360$, or
>
> $267 + x = 360$, so that
>
> $x = 93$.

6. (2) In order to answer this question, you must use your calculator to compute 5 percents of increase:

> $1950 - 1960$: $\dfrac{32.1 - 28.8}{28.8} = 0.115 = 11.5\%$
>
> $1960 - 1970$: $\dfrac{36.7 - 32.1}{32.1} = 0.143 = 14.3\%$
>
> $1970 - 1980$: $\dfrac{40.3 - 36.7}{36.7} = 0.098 = 9.8\%$
>
> $1980 - 1990$: $\dfrac{42.0 - 40.3}{40.3} = .042 = 4.2\%$
>
> $1990 - 2000$: $\dfrac{47.5 - 42.0}{42.0} = 0.131 = 13.1\%$

Therefore, the greatest percent of increase is from $1960 - 1970$.

4. Si Gonzalo manejó su auto hasta el cine, debe ser un adulto, por lo tanto pagó $3.50 por su entrada y $1.50 por la de su hermano. La entrada de su abuela costó el 80% de $3.50 = .8 × 3.50 = $2.80. Sumando el precio de estas tres entradas obtenemos $7.80. Luego, Gonzalo recibió de vuelto $2.20. Por lo tanto, debe codificar el número $2.20 en su hoja de respuestas, tal como se muestra a continuación:

2	.	2	0	
	/	/	/	
•	●	•	•	•
0	0	0	●	0
1	1	1	1	1
●	2	●	2	2
3	3	3	3	3
4	4	4	4	4
5	5	5	5	5
6	6	6	6	6
7	7	7	7	7
8	8	8	8	8
9	9	9	9	9

5. **(4)** Sea x la calificación que Romualdo debe obtener en su última prueba. Luego, $\dfrac{92 + 89 + 86 + x}{4} = 90$. Si multiplicamos por 4 ambos lados de la igualdad:

$92 + 89 + 86 + x = 360$, o

$267 + x = 360$, entonces

$x = 93$.

6. **(2)** Para responder esta pregunta, debe usar la calculadora para determinar los cinco incrementos porcentuales:

$1950 - 1960$: $\dfrac{32.1 - 28.8}{28.8} = 0.115 = 11.5\%$

$1960 - 1970$: $\dfrac{36.7 - 32.1}{32.1} = 0.143 = 14.3\%$

$1970 - 1980$: $\dfrac{40.3 - 36.7}{36.7} = 0.098 = 9.8\%$

$1980 - 1990$: $\dfrac{42.0 - 40.3}{40.3} = .042 = 4.2\%$

$1990 - 2000$: $\dfrac{47.5 - 42.0}{42.0} = 0.131 = 13.1\%$

Por lo tanto, el mayor incremento porcentual ocurrió entre 1960 y 1970.

7. The napkins and paper plates add up to $2.00. 5% tax on $2.00 is .05 × 2 = $0.10. Now, add $2.00 + .10 + 1.98 + 1.29 = $5.37.

$10.00 – 5.37 = $4.63 change.

Therefore, the number $4.63 must be coded on your answer sheet, as shown below.

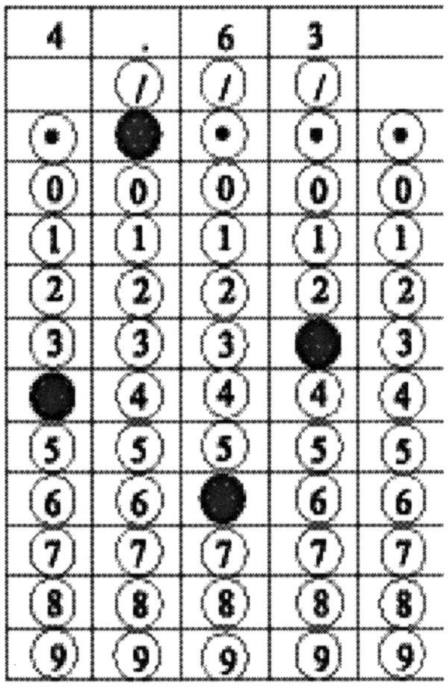

8. **(3)** The percent of increase in salary is computed by $\dfrac{61,008 - 30,588}{30,588} = \dfrac{30,420}{30,588} = 0.9945 = 99.45\% \approx 99\%$.

9. **(3)** This is a problem for which proportion will yield a quick solution: $\dfrac{630}{23,000} = \dfrac{x}{57,500}$

$23,000x = 57,500(630)$

$23x = 57.5(630)$

$23x = 36225$

$x = 1575$ pounds

7. Las servilletas y los platos de papel suman $2.00. El 5% de impuesto a las ventas sobre $2.00 es .05 × 2 = $0.10. Ahora sumamos $2.00 + .10 + 1.98 + 1.29 = $5.37.

   $10.00 – 5.37 = $4.63 de vuelto.

   Por lo tanto, debe codificar el número $4.63 en su hoja de respuestas, tal como se muestra a continuación:

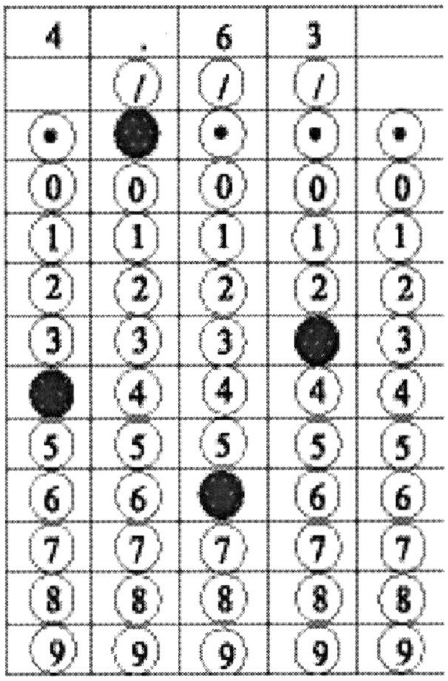

8. **(3)** El porcentaje de incremento salarial se calcula como $\dfrac{61,008 - 30,588}{30,588} = \dfrac{30,420}{30,588} = 0.9945 = 99.45\%$ ≈ 99%.

9. **(3)** Éste es un problema para el que una proporción brinda una solución rápida: $\dfrac{630}{23,000} = \dfrac{x}{57,500}$

   $23,000x = 57,500(630)$

   $23x = 57.5(630)$

   $23x = 36225$

   $x = 1575$ libras

10. The center of the circle $(x - 2)^2 + (y + 3)^2 = 9$ is at (2, -3). Therefore, you should make a dot on the grid on your answer sheet at (2, -3), as shown below.

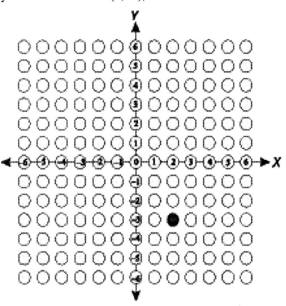

11. **(1)** $\dfrac{1200\,miles}{50\,miles}$ per gallon = 24 gallons used. Then multiply $1.10 by 24 to get a total cost of $26.40

12. **(4)** The area of the larger circle is A = πr^2 = $\pi(8)^2$ = 64 π

     The area of the smaller circle is A = πr^2 = $\pi(6)^2$ = 36π.

     The area between the two circles is 64π - 36π = 28π.

13. **(4)** The United Kingdom purchased 6% of $510 billion = $510 billion × .06 = $30.6 billion, which is closest to $31 billion.

14. **(3)** Germany spent $575 billion × .04 = $23 billion. Taiwan spent $575 × .03 = $17.25 billion. The difference is 23 − 17.25 = $5.75 billion.

15. **(3)** The quickest way to answer this problem is to find what percent $25 billion is of $575 billion. Since 25 ÷ 575 = 0.043 = 4.3%. So, any country that purchases more than 4.3% of the US exports, would have spent more than $25 billion. There are 4 such countries, Canada, Japan, Mexico, and the United Kingdom.

Parte tres: Pruebas de práctica
Prueba de Práctica de Matemáticas II para el GED
741

10. El centro del círculo $(x - 2)^2 + (y - 3)^2 = 9$ se ubica en (2,-3). Por lo tanto, debe marcar un punto en la grilla de su hoja de respuestas en (2,-3), tal como se muestra a continuación:

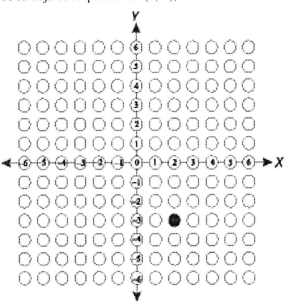

11. **(1)** $\dfrac{1200\ millas}{50\ millas}$ por galón = 24 galones consumidos. Luego multiplicamos 24 por $1.10 para obtener el costo total de $26.40.

12. **(4)** El área del círculo mayor es $A = \pi r^2 = \pi(8)^2 = 64\ \pi$
El área del círculo menor es $A = \pi r^2 = \pi(6)^2 = 36\pi$.
El área entre los dos círculos es $64\pi - 36\pi = 28\pi$.

13. **(4)** El reino Unido compró el 6% de 510,000 millones = $510,000 millones × .06 = $30,600 millones, cuyo valor más cercano es $31,000 millones.

14. **(3)** Alemania gastó $575,000 millones × .04 = $23,000 millones. Taiwán gastó $575,000 millones × .03 = $17,250 millones. La diferencia es 23,000 – 17,250 = $5,750 millones.

15. **(3)** La forma más rápida de resolver este problema es determinar qué porcentaje representa $25,000 millones de $575,000 millones. Dado que 25 ÷ 575 = 0.043 = 4.3%, cualquier país que compre más del 4.3% de las exportaciones de los Estados Unidos gastaría más que $25,000 millones. Hay cuatro países que cumplen esta condición: Canadá, Japón, México y el Reino Unido.

16. Recall that $D = rt$.

    Colin and his friends travel the same distance, but Colin travels for one hour less than his friends.

    Let t = the number of hours Tom and Johnny travel.

    Then, $t - 1$ = the number of hours Colin travels.

    $$45t = 65(t - 1)$$

    $$45t = 65t - 65$$

    $$-20t = -65$$

    $$t = 3\frac{1}{4} \text{ hours}$$

    $t - 1 = 2\frac{1}{4}$ hours. Thus, it will take Colin $2\frac{1}{4} = 2.25$ hours to catch up to his friends. This answer must be coded on the answer sheet as shown below.

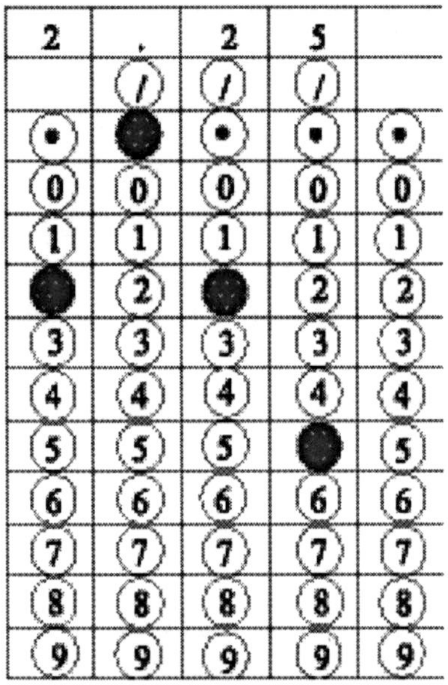

17. **(5)** Since a kilometer is less than a mile, it will travel more than 68 kilometers. Multiplying by a fraction (.62) will give a smaller number, so we must divide $\frac{68}{.62} = 109.67 = 110$ kilometers.

    Alternate solution: $\frac{68}{x} = \frac{.62}{1}$

    $$.62x = 68$$

    $$x = 109.67 = 110 \text{ kilometers}$$

18. **(4)** A proportion can be established between the scale of the map in inches and the actual distance in miles:

    $$\frac{1}{3} = \frac{x}{171}$$

    $$3x = 171$$

    $$x = 57 \text{ inches}$$

16. Recordemos que $D = vt$.

Carlos y sus amigos viajaron la misma distancia, pero Carlos viajó una hora menos que ellos.

Sea t = el número de horas que Juanito y Tomás viajaron.

Entonces $t - 1$ = número de horas que viajó Carlos.

$$45t = 65(t - 1)$$
$$45t = 65t - 65$$
$$-20t = -65$$
$$t = 3\frac{1}{4} \text{ horas}$$

$t - 1 = 2\frac{1}{4}$ horas. Por lo tanto, le tomará a Carlos $2\frac{1}{4} = 2.25$ horas alcanzar a sus amigos. Debe codificar esta respuesta en la hoja de respuestas, tal como se muestra a continuación:

17. **(5)** Dado que un kilómetro tiene menor longitud que una milla, el pez recorrerá más de 68 kilómetros. Si multiplicamos por una fracción (.62), obtendremos un número menor, por lo que debemos dividir $\frac{68}{.62} = 109.67 = 110$ kilómetros.

Solución alternativa:
$$\frac{68}{x} = \frac{.62}{1}$$
$$.62x = 68$$
$$x = 109.67 = 110 \text{ kilómetros}$$

18. **(4)** Se puede establecer una proporción entre la escala en pulgadas en el mapa y la distancia real en millas:

$$\frac{1}{3} = \frac{x}{171}$$
$$3x = 171$$
$$x = 57 \text{ pulgadas}$$

19.   **(2)** We are given that the diagonal of the square is 10. The Pythagorean Theorem tells us that the length of a side of the square is $\frac{10}{\sqrt{2}}$. The area of the square is then $\frac{10}{\sqrt{2}} \times \frac{10}{\sqrt{2}} = \frac{100}{2} = 50$. The diameter of the circle is 10, so the radius is 5, and the area is $\pi r^2 = \pi(5)^2 = 25\pi$. The difference between the area of the circle and that of the square is, then, $25\pi - 50$.

20.   **(1)** $\frac{1}{5}$ is 20%. If both are taken off the list price, then the discount is actually 35%. The total purchases are $116. If 35% is coming off that, then 65% is being paid. $.65(116) = \$75.40$.

21.   Divide $4\frac{1}{2}$ by 8: $4.5 \div 8 = 0.5625$. This answer must be coded onto your answer sheet as shown below:

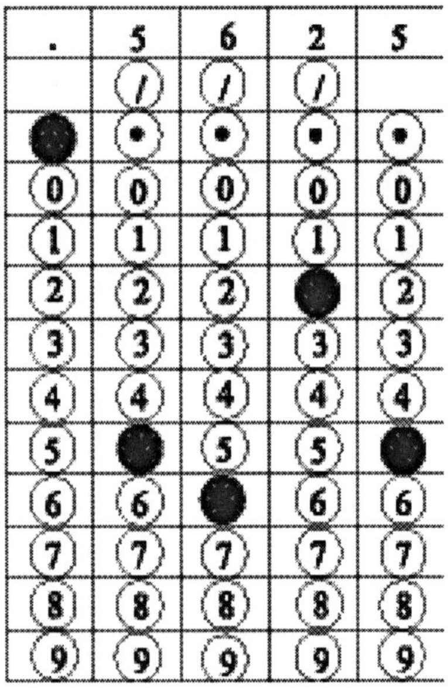

19. **(2)** Tenemos como dato que la diagonal del cuadrado es 10. El teorema de Pitágoras nos indica que la longitud de un lado del cuadrado es $\dfrac{10}{\sqrt{2}}$. Luego, el área del cuadrado es $\dfrac{10}{\sqrt{2}} \times \dfrac{10}{\sqrt{2}} = \dfrac{100}{2} = 50$. El diámetro del círculo es 10, por lo que su radio es igual a 5 y el área es $\pi r^2 = \pi(5)^2 = 25\pi$. La diferencia entre el área del círculo y la del cuadrado es entonces $25\pi - 50$.

20. **(1)** $\dfrac{1}{5}$ representa el 20%. Si ambos descuentos se aplican al precio de lista, el descuento real es de 35%. El total de la compra es $116. Si se descuenta el 35%, se paga el 65%, de modo que .65(116) = $75.40.

21. Dividiendo $4\frac{1}{2}$ by 8: $4.5 \div 8 = 0.5625$. Debe codificar esta respuesta en su hoja de respuestas, tal como se muestra a continuación:

.	5	6	2	5
	⁄	⁄	⁄	
●	·	·	·	·
0	0	0	0	0
1	1	1	1	1
2	2	2	●	2
3	3	3	3	3
4	4	4	4	4
5	●	5	5	●
6	6	●	6	6
7	7	7	7	7
8	8	8	8	8
9	9	9	9	9

22. To begin, find the length of the missing side *EF* by using the Pythagorean Theorem:

$(EF)^2 + 5^2 = 13^2$

$(EF)^2 + 25 = 169$

$(EF)^2 = 144$

$EF = 12.$

Since the tangent of an angle is the ratio $\dfrac{opposite}{adjacent}$, compute tan D = $\dfrac{12}{5}$. Since this is equal to 2.4, this number must be coded onto your answer sheet as shown below.

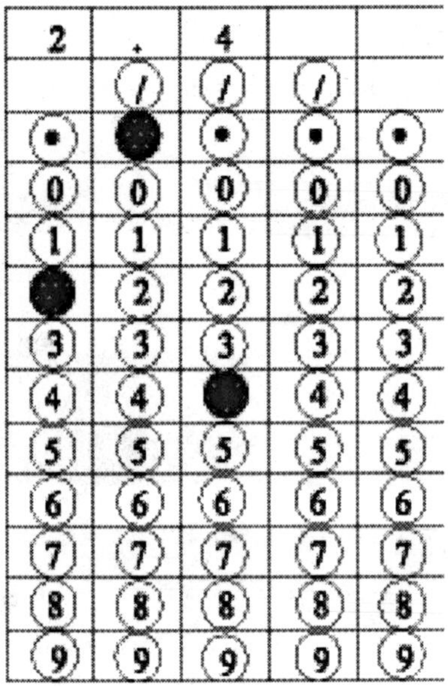

23. The formula for the slope of a line is $\dfrac{y_2 - y_1}{x_2 - x_1} = \dfrac{12-5}{6-4} = \dfrac{7}{2} = 3.5$. Therefore, 3.5 must be coded on your answer sheet, as shown below.

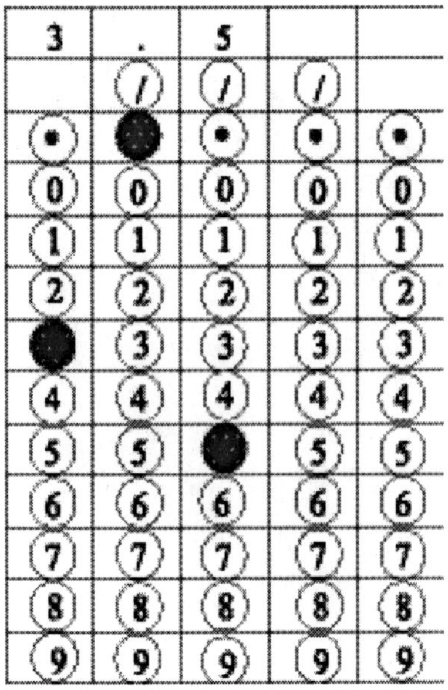

22. Para comenzar, determinamos mediante el teorema de Pitágoras la longitud del lado buscado, *EF*:

$(EF)^2 + 5^2 = 13^2$

$(EF)^2 + 25 = 169$

$(EF)^2 = 144$

$EF = 12.$

Dado que la tangente de un ángulo es la relación $\dfrac{opuesto}{adyacente}$, calculamos tan D = $\dfrac{12}{5}$. Como esto es igual a 2.4, debe codificar este número en su hoja de respuestas, tal como se muestra a continuación:

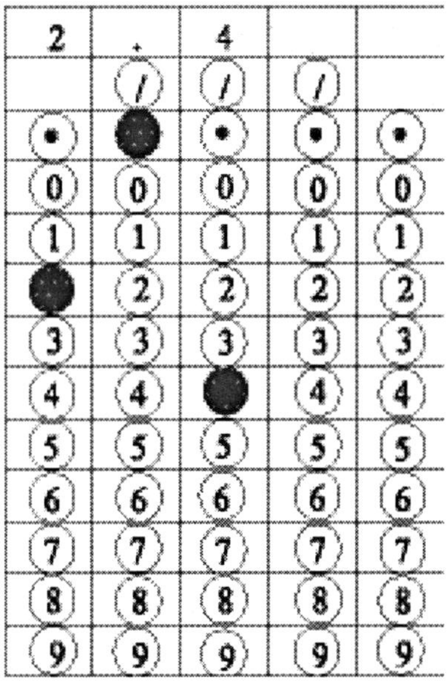

23. La fórmula de la pendiente de una recta es $\dfrac{y_2 - y_1}{x_2 - x_1} = \dfrac{12 - 5}{6 - 4} = \dfrac{7}{2} = 3.5$. Por lo tanto, debe codificar 3.5 en su hoja de respuestas, tal como se muestra a continuación:

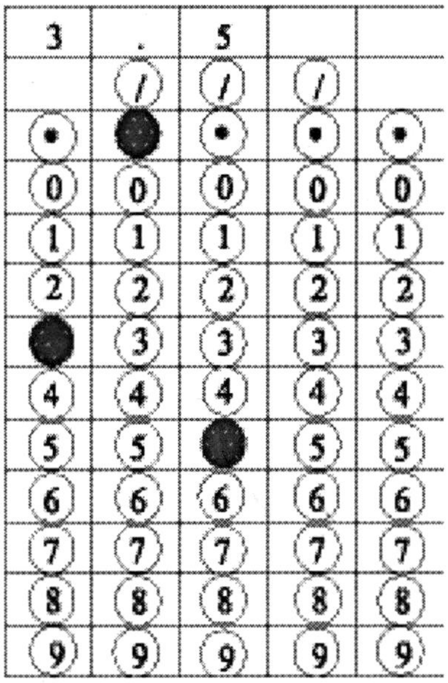

24.   **(3)** The sale price is 80% of the list price. Let x = the list price. Then

$$.80x = \$111.20$$

$$x = \frac{\$111.20}{.80}$$

$$x = \$139$$

25.   **(3)** $D = rt$

Since the two ships are traveling in opposite directions, we may imagine one ship to be standing still and the other moving away from it at their combined rates of 80 km/hr. in that case,

$$D = rt$$

$$360 = 80t$$

$$t = 4\frac{1}{2} \text{ hours}$$

Booklet Two: Estimation and Mental Math

25 Questions – 45 Minutes – Calculator *Not* Permitted

1.   **(3)** $5488.9 + 6.4 = 5495.3$

2.   **(4)** Make a proportion:

$$\frac{180}{240} = \frac{x}{100}$$

$$\frac{3}{4} = \frac{x}{100}$$

$$4x = 300$$

$$x = 75\%$$

If the coat is selling for 75% of list, then it must have been discounted 25%.

3.   **(2)** The Distributive Property says that $82(9 + 12) = 82(9) + 82(12)$

4.   **(3)** Add 24 inches to the length and the width for the overlap. That makes the dimensions 76 inches × 94 inches. The perimeter of a rectangle is 2L + 2W, which in this case means that the perimeter is 2(76) + 2(94) = 340 inches.

5.   **(3)** The volume of a rectangular solid is given by the formula $V = L \times W \times H = 12$ cm × 10 cm × 7 cm = 840 cm³.

6.   **(3)** There are six surfaces on the rectangular solid. Two of them are 12 cm × 10cm, so both of these surfaces have areas of 120 cm². Two of the surfaces are 7 cm × 10 cm, so these two surfaces have areas of 70 cm². Finally, there are two 12 cm × 7 cm surfaces, with areas of 84 cm². Adding up the six areas gives us a total surface area of 548 cm².

24. **(3)** El precio rebajado es el 80% del precio de lista. Sea x = precio de lista:

$$.80x = \$111.20$$

$$x = \frac{\$111.20}{.80}$$

$$x = \$139$$

25. **(3)** $D = vt$

Dado que los dos barcos navegan en direcciones opuestas, podemos imaginar a un barco totalmente quieto mientras el otro se aleja a una velocidad combinada de 80 km/h. En tal caso:

$$D = vt$$

$$360 = 80t$$

$$t = 4\frac{1}{2} \text{ horas}$$

Cuadernillo dos: ESTIMACIÓN Y CÁLCULOS MENTALES

25 preguntas – 45 minutos – No se permite el uso de la calculadora

1. **(3)** $5488.9 + 6.4 = 5495.3$

2. **(4)** Establezca una proporción:

$$\frac{180}{240} = \frac{x}{100}$$

$$\frac{3}{4} = \frac{x}{100}$$

$$4x = 300$$

$$x = 75\%$$

Si el saco se vende por el 75% del precio de lista, el descuento es 25%.

3. **(2)** La propiedad distributiva establece que $82(9 + 12) = 82(9) + 82(12)$

4. **(3)** Sumamos 24 pulgadas al largo y al ancho para calcular el exceso. Esto define las dimensiones 76 pulgadas × 94 pulgadas. El perímetro de un rectángulo es 2L + 2A, lo que en este caso resulta en un perímetro de 2(76) + 2(94) = 340 pulgadas.

5. **(3)** El volumen de un sólido rectangular es el producto de sus tres dimensiones (largo, profundidad y alto). Por lo tanto, la fórmula es $V = L \times W \times H = 12 \text{ cm} \times 10 \text{ cm} \times 7 \text{ cm} = 840 \text{ cm}^3$.

6. **(3)** Un sólido rectangular tiene seis caras. Dos de ellas miden 12 cm × 10 cm, por lo que sus áreas miden 120 cm2 cada una. Otras dos caras miden 7 cm × 10 cm, de modo que tienen áreas de 70 cm^2. Por último hay otras dos caras de 12 cm × 7 cm, con áreas de 84 cm^2. Si sumamos las áreas de las seis caras obtenemos un área total de 548 cm^2.

7.　**(1)** $x^2 - 9x - 22 = 0$

　　$(x + 2)(x - 11) = 0$

　　$x + 2 = 0$　　　　$x - 11 = 0$

　　$x = -2$　　　　　$x = 11$

8.　**(2)** There are twelve 5-minute periods in an hour. 240 divided by 12 = 20 dishes.

9.　**(2)** To find the income available to the poorest $\frac{3}{5}$, add 5.4 + 12.0 + 17.6 and get 35%. That is 6% less than the 41% available to the richest $\frac{1}{5}$.

10.　**(5)** The poorest $\frac{4}{5}$ received 59% while the richest $\frac{1}{5}$ got 41%. In that order, the ratio is 59:41,

11.　The given equation, $y = 7x - 3$, is already in the slope-intercept form. Therefore, the y-intercept is at –3, that is, at the point (0, -3). The grid should be filled in as shown below.

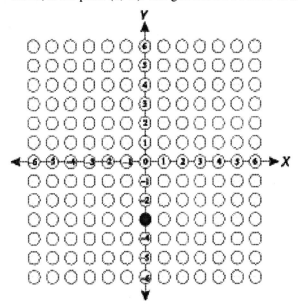

12.　**(4)** If Mrs. Cogswell's chain has S sausages, then her neighbor's has $S + 3$.　　Since there are 57 sausages in total, $S + (S + 3) = 57$.

13.　**(2)** Christine begins with $84. At the end of one year, she has earned 6% interest. The amount of money in the account at the end of one year, therefore, would be 84×1.06. After two years, she would have $84 \times 1.06 \times 1.06 = 84 \times (1.06)^2$. Following the pattern, after 4 years, she would have $84(1.06)^4$ in her bank account.

14.　**(3)** Given that every cubic foot weighs 62.4 pounds, the total number of pounds for $18\frac{1}{4}$ cubic feet would simply be 18.25×62.4.

7. **(1)** $x^2 - 9x - 22 = 0$

    $(x + 2)(x - 11) = 0$

    $x + 2 = 0 \qquad x - 11 = 0$

    $x = -2 \qquad x = 11$

8. **(2)** Una hora contiene doce períodos de 5 minutos. Luego, 240 dividido por 12 = 20 platos.

9. **(2)** Para calcular el ingreso de los $\frac{3}{5}$ más pobres, sumamos 5.4 + 12.0 + 17.6, cuyo resultado es 35%. La diferencia con el 41% que recibe el $\frac{1}{5}$ más rico es del 6%.

10. **(5)** Los $\frac{4}{5}$ más pobres reciben el 59% mientras que el $\frac{1}{5}$ más rico tiene el 41%. De esta forma la relación es 59:41.

11. La ecuación dada, $y = 7x - 3$, está en la forma de pendiente y ordenada al origen. Por lo tanto, la ordenada al origen se encuentra en -3, es decir, en el punto $(0,-3)$. Debe llenar la grilla como se indica a continuación:

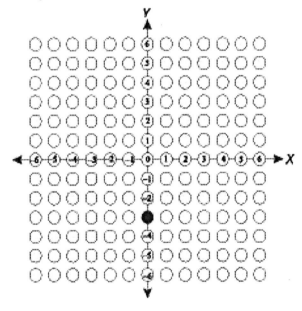

12. **(4)** Si la ristra de la Sra. Chuleta tiene S salchichas, su vecina recibió $S + 3$ salchichas. Dado que hay 57 salchichas en total, $S + (S + 3) = 57$.

13. **(2)** Cristina comienza con $84. Al cabo de un año habrá ganado 6% de interés, por lo que el monto en su cuenta al final del primer año será 84×1.06. Al cabo de dos años, tendrá $84 \times 1.06 \times 1.06 = 84 \times (1.06)^2$. Siguiendo este razonamiento, cuando hayan transcurrido 4 años contará en su cuenta bancaria con $84(1.06)^4$.

14. **(3)** Dado que cada pie cúbico pesa 62.4 libras, el peso total en libras de $18\frac{1}{4}$ pies cúbicos será simplemente 18.25×62.4.

15.   Since $0.03 - 0.0036 = 0.0264$, this number must be coded on the answer grid, as shown below.

.	0	2	6	4
	/	/	/	
●	.	.	.	.
0	●	0	0	0
1	1	1	1	1
2	2	●	2	2
3	3	3	3	3
4	4	4	4	●
5	5	5	5	5
6	6	6	●	6
7	7	7	7	7
8	8	8	8	8
9	9	9	9	9

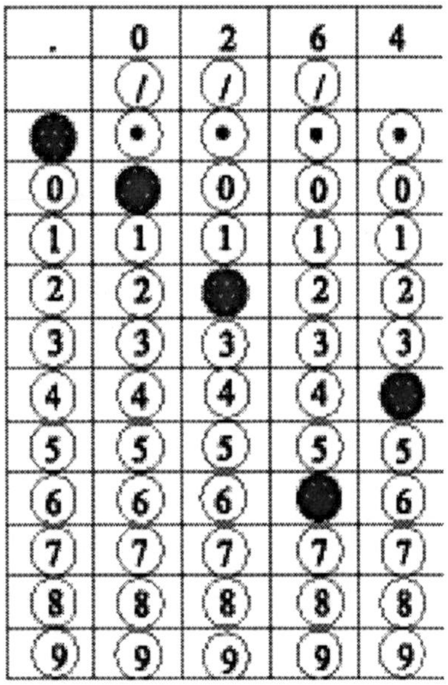

16.   One dimension of the garden is 3 feet. Half again as much as 3 is $3 + \frac{1}{2}(3) = 4\frac{1}{2}$. The perimeter of the garden, therefore, would be $3 + 3 + 4\frac{1}{2} + 4\frac{1}{2} = 15$ feet. Thus, this number must be coded in on the answer grid, as shown below.

1	5			
	/	/	/	
.	.	.	.	.
0	0	0	0	0
●	1	1	1	1
2	2	2	2	2
3	3	3	3	3
4	4	4	4	4
5	●	5	5	5
6	6	6	6	6
7	7	7	7	7
8	8	8	8	8
9	9	9	9	9

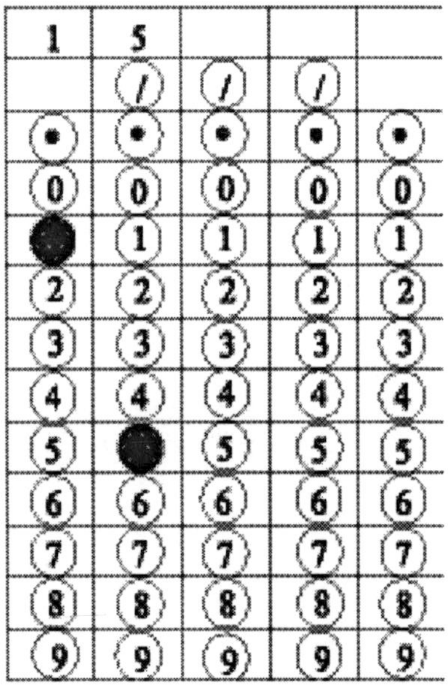

17.   **(2)** The gap between the two lines is greatest on Wednesday.

18.   **(4)** Keeping a straightedge square with the vertical axis and moving it until the "B" line just touches its right end, we find it comes out between the 40 and 50 marking. Call it 45. But since the sales volume is graphed in terms of thousands of dollars, we must multiply the 45 by 1000: $45 x 1000 = $45,000.

15. Dado que $0.03 - 0.0036 = 0.0264$, debe codificar este número en la grilla de respuestas, tal como se muestra a continuación:

.	0	2	6	4
	/	/	/	
●	.	.	.	.
0	●	0	0	0
1	1	1	1	1
2	2	●	2	2
3	3	3	3	3
4	4	4	4	●
5	5	5	5	5
6	6	6	●	6
7	7	7	7	7
8	8	8	8	8
9	9	9	9	9

16. Una dimensión del jardín es 3 pies. Una vez y media 3 es $3 + \frac{1}{2}(3) = 4\frac{1}{2}$. El perímetro del jardín mide entonces $3 + 3 + 4\frac{1}{2} + 4\frac{1}{2} = 15$ pies. Por lo tanto debe codificar este número en la grilla de respuestas, tal como se indica a continuación:

1	5			
	/	/	/	
.	.	.	.	.
0	0	0	0	0
●	1	1	1	1
2	2	2	2	2
3	3	3	3	3
4	4	4	4	4
5	●	5	5	5
6	6	6	6	6
7	7	7	7	7
8	8	8	8	8
9	9	9	9	9

17. **(2)** El espacio entre las dos líneas es mayor el día miércoles.

18. **(4)** Si se desliza una regla hacia abajo, perpendicularmente al eje vertical hasta tocar la línea de la tienda B, veremos que el valor se ubica entre las marcas de 40 y 50. Aproximamos a 45, pero dado que el volumen de ventas está expresado en miles de dólares, debemos multiplicar 45 por 1000. Así, $45 x 1000 = $45,000.

19.   (3) The graph of "A" Dips from Wednesday to Thursday. All other choices are for intervals when the graph dips and rises or rises only.

20.   (3) Store A did $80,000 in sales on Saturday and $40,000 on Monday: $80,000 – $40,000 = $40,000.

21.   (5) The graph shows sales for one week in store A and store B. There is no information given about number of shoppers.

22.   (4) If there are Q quarters in the bank account, there are $25 - Q$ dimes. The total amount of money in the bank would be $.10(25 - Q) + .25Q$. Since there is a total of $3.85 in the bank, $.10(25 - Q) + .25Q = 3.85$.

23.   (3) The distance formula tells us that $D = \sqrt{(x_2 - x_1)^2 + (y_2 - y_1)^2}$. By substitution, we get D = $\sqrt{(9-3)^2 + (-4-7)^2} = \sqrt{6^2 + (-11)^2} = \sqrt{36 + 121} = \sqrt{157}$.

24.   (4) The x-coordinate of the midpoint is obtained by averaging the x-coordinates of the endpoints; the y-coordinate of the midpoint is found by averaging the y-coordinates of the endpoints. Therefore, the midpoint is $\left(\left(\frac{3+9}{2} \right), \left(\frac{7+-4}{2} \right) \right) = \left(\frac{12}{2}, \frac{3}{2} \right) = (6, 1\frac{1}{2})$

25.   (1) If the number is represented by N, N added to the number is $N + 9$, twice the number is $2N$, and twice the number diminished by 6 is $2N - 6$. Therefore, $N + 9 = 2N - 6$.

Parte tres: Pruebas de práctica
Prueba de Práctica de Matemáticas II para el GED
755

19.   **(3)** El gráfico de la tienda A desciende de miércoles a jueves. Todas las otras respuestas representan subas y bajas, o sólo incrementos.

20.   **(3)** La tienda A vendió el sábado por valor de $80,000 y el lunes por valor de $40,000. Entonces, $80,000 – $40,000 = $40,000.

21.   **(5)** El gráfico sólo presenta información sobre el volumen de ventas durante una semana para las tiendas A y B, pero no proporciona información sobre el número de compradores.

22.   **(4)** Si hay V monedas de 25 centavos en la alcancía, hay $25 - V$ monedas de 10 centavos. El total de dinero será $.10(25 - V) + .25V$. Dado que en la alcancía hay $3.85, podemos decir que $.10(25 - V) + .25V = 3.85$.

23.   **(3)** La fórmula para la distancia nos indica que $D = \sqrt{(x_2 - x_1)^2 + (y_2 - y_1)^2}$. Reemplazando, obtenemos

$$D = \sqrt{(9 - 3)^2 + (-4 - 7)^2} = \sqrt{6^2 + (-11)^2} = \sqrt{36 + 121} = \sqrt{157}.$$

24.   **(4)** La coordenada x del punto medio se obtiene promediando las coordenadas x de los orígenes. De modo similar, la coordenada y del punto medio se obtiene promediando las coordenadas y de los orígenes. Por lo tanto, el punto medio es $\left(\left(\frac{3 + 9}{2} \right), \left(\frac{7 + -4}{2} \right) \right) = \left(\frac{12}{2}, \frac{3}{2} \right) = (6, 1\frac{1}{2})$

25.   **(1)** Si el número se representa con N, "9 sumado a cierto número" es $N + 9$. "El doble del número" es $2N$ y "el doble del número reducido en 6" es $2N - 6$. Por lo tanto, la ecuación es $N + 9 = 2N - 6$.